Heidi Metzmeier

Unter demselben Himmel

Geschichten einer Reiselustigen mit Ratgeber
für (angehende) Abenteurer

Heidi Metzmeier

Unter demselben Himmel

Geschichten einer Reiselustigen mit
Ratgeber für (angehende) Abenteurer

© 2022 Herstellung bookpress
Bestellung und Vertrieb: Nova MD GmbH, Vachendorf.
ISBN: 9783985953448
Unter demselben Himmel – Geschichten einer Reiselustigen
mit Ratgeber für (angehende) Abenteurer
2. Auflage
Heidi Metzmeier, Franz-Rauch Straße 12, 76547 Sinzheim, Deutschland
© Lektorat: Tanja Balg
© Korrektorat: Lektorat Meerwoerter – www.astrid-topfner.com
© Buchsatz: Mary Kuniz – www.marykuniz.de/herzblut-buchsatz/
© Cover- und Umschlaggestaltung: Laura Newman – design.lauranewman.de
© Rahmengestaltung Fotos: 32-pixels/stock.adobe.com
© Bildbearbeitung: Catrin Madry – www.visuellecommunication.de
© Fotomotive Afrika: Stefan Gumbrich
© Fotomotive Autowanderertour: Peter Metzmeier
© Autorenporträt: Sonja Bell

Für Gabi und Sabrina,
zwei starke Frauen,
die zu Engeln wurden.

Do not go where the path
may lead, go instead
where there is no path
and leave a trail.

Ralph Waldo Emerson

Inhaltsverzeichnis

Prolog

Ich hocke unter einem Busch inmitten des Moremi-Nationalparks in Botswana im südlichen Afrika. Ich bin voller Konzentration bei der Morgentoilette – nur so kann ich erklären, dass mir die Hyäne, die mich mit neugierigen Augen aus dem gegenüberliegenden Busch anstarrt, entgangen ist.

Verwundbare Pose ist das Erste, was mir durch den Kopf schießt. Dann muss ich ein Lachen unterdrücken, weil mir solche Dinge immer wieder passieren: mit einer fetten Kröte duschen, mit einem Pavian beim Frühstück um die Erdnussbutter streiten, mit einer Vogelspinne das WC teilen … Mein Schicksal!

Aber keine Sorge – als Beweis, dass ich bisher immer unbeschadet aus solchen Nummern herausgekommen bin, hältst du heute dieses Buch in den Händen.

Eigentlich hatte man schon im frühen Kindesalter erahnen können, dass mein Explorationsdrang mir noch so manches Abenteuer bescheren würde. Die Neugier auf das Ungewisse scheint seit jeher meine Antriebsfeder zu sein und begann – ich konnte gerade erst laufen – mit einer offenen Terrassentür.

Der Blick in den Garten schien mir verheißungsvoll, also los! Draußen wartete allerdings nicht nur die große weite Welt, sondern auch der tiefe Schlund des blauen Monsters. Frohen Mutes marschierte ich geradewegs darauf zu und … landete abrupt und ziemlich hart auf dem gekachelten Boden des Schwimmbeckens, das zu dieser Jahreszeit leer war. Das Ergebnis: Meinen Eltern fuhr der Schreck in alle Glieder, ich kam mit einer Gehirnerschütterung davon und mein Schutzengel rieb sich zum ersten Mal verwundert die Augen. Es sollte noch ein paar Jahre dauern, bis der Arzt feststellte, dass das Kind eine Brille brauchte.

Doch meine Eltern sind an meinem Drang hin zur Natur nicht unschuldig. Als ich fünfzehn Jahre alt war, packten die beiden ihre Rucksäcke samt Campingausrüstung und fuhren mit dem Zug nach Paris. Der Plan: zu Fuß zurück in die Heimat. Da bei mir gerade die Sommerferien vor der Tür standen, stieß ich zu ihnen, und wir liefen gemeinsam vier Wochen lang durch die Wälder Frankreichs, Belgiens und Luxemburgs. Es war ein trockener, heißer Sommer – auf dem Europawanderweg begegnete uns kaum eine Menschenseele. Damals lernte ich es zu schätzen, quellfrisches Wasser trinken und ein Baguette mümmeln zu können. Wir schliefen zu dritt in einem winzigen Zelt, das wir auf Feldern und Wiesen aufschlugen. Die Franzosen schüttelten ungläubig die Köpfe über uns, die Belgier hielten uns für verrückt und in Luxemburg dachten sie, wir wären Landstreicher, weil unsere Wandergarnitur an diesem Punkt der Reise bereits sehr mitgenommen aussah. In der Confiserie befürchteten sie, wir könnten unsere Rechnung nicht bezahlen. Mein Vater nahm die Aussage der Verkäuferin, „Hundert Gramm kosten aber fünf Mark!", mit sehr viel Humor. Jedenfalls schnupperte ich auf dieser Reise zum ersten Mal den Duft der Freiheit, auch wenn ich manchmal fluchte, weil ich meine Freundinnen schrecklich vermisste.

Nach dem Abitur überbrückte ich die Wartezeit bis zum Studium mit einem Auslandsjahr. Amerika war mein Traumziel, und so wurde ich bei einer Familie in Washington D.C. Au-pair-Mädchen. Ein anderer Kontinent und eine Sprache, die ich trotz neun Jahren Unterricht überhaupt nicht verstand. Alles war riesig. Ich verlief mich in dieser neuen weiten Welt nicht nur einmal und wurde schließlich – zu Fuß allein auf der Autobahn unterwegs – von der Polizei aufgegriffen. Die freundlichen Herren chauffierten mich in ihrem Streifenwagen zurück zur Unterkunft.

Die erste große Reise allein (U S A)

Im Lauf der Jahre ermutigten mich Freunde und Wegbegleiter immer wieder, meine Geschichten aufzuschreiben, aber ich zögerte ... Warum mache ich es jetzt also doch? Nun, ich erlebe, dass immer mehr Menschen Lust darauf haben, die Welt zu entdecken. Sie wünschen sich, für längere Zeit unterwegs zu sein, zögern aber, wenn es an die Umsetzung geht.

Erkennst du dich darin wieder? Dann sind diese Geschichten vielleicht genau der Schubs, den du brauchst, um vom Wünschen ins Tun zu kommen. Aber auch wenn du noch unsicher bist, helfen dir die Tipps in diesem Buch vielleicht, den ersten Schritt zu tun. Ich kann dir schon mal versprechen, dass sich die Freude darüber sehr gut anfühlen wird.

Und es gibt noch einen zweiten Aspekt, der mir am Herzen liegt: Nicht erst seit der Coronapandemie beobachte ich, dass wir drohen, in alte Gewohnheiten des nationalstaatlichen Denkens zurückzufallen. Es ist meine tiefe Überzeugung, dass wir globale Krisen nur bewältigen können, wenn wir als Weltgemeinschaft an einem Strang ziehen. Der Grundstein dafür ist die Erkenntnis, dass wir unter demselben Himmel leben und im Herzen alle das Gleiche wollen: Liebe, Frieden, Freiheit, Gesundheit, ein Dach über dem Kopf und eine warme Mahlzeit am Tag. Meine Erzählungen sind ein Versuch, zu zeigen, dass es keinen Grund gibt, sich vor dem, was uns fremd ist, zu fürchten. Ich habe viele Situationen (üb)erlebt – aber nicht deshalb, weil ich dafür ausgebildet wäre oder besondere Fähigkeiten hätte, sondern einfach nur, weil es überall auf der Welt wohlwollende Menschen gibt, die mir aus der Patsche geholfen haben. Was mir ursprünglich Angst machte, wurde so zu einer prägenden Erfahrung, die den Menschen ausmacht, der ich heute bin. Und als Bonus habe ich auch noch neue Freunde gewonnen.

So richten sich meine Erzählungen an all jene, die den Puls des Abenteuers fühlen wollen, auch wenn sie vielleicht die Reiseziele, die ich gesehen habe, nie ansteuern werden.

Auf den nächsten Seiten erzähle ich meine Geschichten, wobei ich nicht chronologisch vorgehe. Wir springen zwischen verschiedenen Reisen und Kontinenten hin und her, weil mir der Fokus auf die Erfahrungen und Erkenntnisse wichtiger ist als die Jahreszahlen und die Reihenfolge. Weil ich aber weiß, dass dieser Ritt etwas verwirrend werden könnte, vorab eine kurze Erläuterung:

Zusammen mit meinem Partner Stefan war ich in meinen Zwanzigern viel mit dem Rucksack unterwegs – unter anderem in Costa Rica und zweimal auf verschiedenen indonesischen Inseln. Kurz vor dem Millenniumswechsel kauften wir uns einen Geländewagen, einen Land Rover Defender, den wir zum Expeditionsmobil umbauten und nach Kapstadt verschifften. Der Plan war eine Transafrikareise nach Kairo, also die Ostroute. Das hat aber nicht ganz so geklappt wie geplant – warum, erfährst du auf den nächsten Seiten. Der Land Rover blieb sieben Jahre auf dem afrikanischen Kontinent, genauer gesagt bei einem Freund in Kenia. Dies konnten wir als Chance nutzen, einmal im Jahr zur Safari in die umliegenden Länder aufzubrechen. Irgendwann haben wir das Abenteuer

Transafrika dann noch einmal in Angriff genommen und sind dabei zunächst von Kenia zurück nach Südafrika gereist, um dann die Westroute bis nach Marokko zu nehmen.

Ich möchte nicht spoilern – nur so viel zum letzten Teil des Buchs: Er handelt von einer in vielerlei Hinsicht besonderen Reise mit dem Geländewagen in Richtung Iran.

Die Auswahl meiner Erzählungen wird vom feinen Band meiner Einsichten, die ich gern an dich weitergeben möchte, zusammengehalten, und für alle mit dem Traumziel Langzeitreise fasse ich meine Botschaften am Ende jedes Kapitels als „Abenteuer-Essenzen" zusammen. Ich freue mich, wenn du für die Planung deines ganz persönlichen Abenteuers etwas daraus mitnehmen kannst.

Also – wenn du ebenso neugierig auf die Welt bist wie ich, dann folge mir!

Deine Heidi Metzmeier

Auf Safari in Kenia

Aller Anfang ist unerwartet

Eben noch habe ich mich mit einem kindlichen Quietschen den Wellen der Karibik entgegengeworfen – jetzt werden die Palmen und der Strand in rasantem Tempo kleiner. Wie von einem unsichtbaren Magneten angezogen, entferne ich mich immer weiter vom Land, obwohl ich mit aller Kraft dagegen anschwimme. Zugegeben, ich bin keine besonders gute Schwimmerin, aber bisher hatte ich keine Angst vor dem Meer. Jetzt habe ich Panik.

Dabei war die Aussicht auf türkisblaues Meer und blütenweiße Strände einer der Gründe, warum wir uns Costa Rica als Ziel für unsere erste große Rucksackreise ausgesucht hatten. Ich hatte mein rudimentäres Spanisch etwas aufpoliert, um für das Nötigste gewappnet zu sein, denn Stefan verfügt zwar über viele Talente, Sprachen gehören jedoch nicht dazu. Die Reise ist ein Geburtstagstrip – ich stehe kurz davor, mein achtundzwanzigstes Lebensjahr zu vollenden. Es wird offenbar ein unvergessliches Erlebnis … wenn auch anders als geplant.

Schon beim ersten Marktbesuch in der Hauptstadt San José werden uns aus dem Tagesrucksack die Sonnenbrillen geklaut. Fortan tragen wir das gute Stück bei viel Gewimmel nur noch auf dem Bauch.

Im ersten Hotel an der Küste treffen wir dann gleich die nächste Fehlentscheidung. Zu dieser Zeit (Mitte der Neunzigerjahre) reist man noch mit Reiseschecks von American Express – das sind Papiere im Wert verschiedener US-Dollarnoten, die man im Heimatland auf der Bank oder bei Reiseveranstaltern bekommt und dann auf der Bank im Ausland gegen lokale Währung tauschen kann. Bei Erhalt werden die Schecks zum ersten Mal unterzeichnet und beim Einlösen ein zweites Mal. Damit stehen sie im Ruf, sicherer als Bargeld zu sein, weil die Unterschrift nur vom Besitzer geleistet werden kann. Entwenden ist also sinnlos – so verspricht es zumindest der Anbieter. Für gewöhnlich bewahren wir die kostbaren Papiere in einer Bauchtasche auf, die wir am Körper tragen. Aber Wertsachen mit an den Strand zu nehmen erscheint uns wenig sinnvoll, weshalb wir sie im Schrank des Hotelzimmers einschließen. Oberflächlich betrachtet eine gute Idee.

Etwas später kommen wir beseelt von den Eindrücken unseres ersten Badeausflugs zurück und es ist alles noch da: die Papiere, die Wertgegenstände und die Bauchtasche. Etwa zehn Tage später stellen wir auf der Bank beim Nachzählen der Schecks jedoch verwundert fest, dass die Hälfte fehlt! Wir telefonieren mit American Express und erfahren, dass die Unterschrift wohl doch nicht so fälschungssicher ist. Jedenfalls hat jemand in Stefans

Namen unterschrieben und so zwischenzeitlich einen großen Batzen unserer Reisekasse geplündert. Betretene Gesichter. Unser Rückflug ist erst in vier Wochen. Das bedeutet Verzicht auf Souvenirs, Restaurantbesuche und andere Annehmlichkeiten, wenn wir mit dem verfügbaren Budget bis zum Schluss auskommen wollen. American Express will aber zumindest ein grafologisches Gutachten erstellen lassen, das die beiden Unterschriften auf den Schecks miteinander vergleicht. Damit das möglich ist, müssen wir bei der lokalen Polizei Anzeige erstatten.

Wir lassen uns die Reiselust von diesem Zwischenfall nicht vermiesen und machen uns auf in Richtung Regenwald. Dort kommen wir zunächst in der Finca eines Amerikaners unter, der zwischen den Staaten und Costa Rica pendelt. In den USA arbeitet er als Fensterputzer an Hochhäusern, und mit dem Einkommen finanziert er sein Leben in Costa Rica. Auf der einen Hälfte seines Grundstücks befinden sich sein Haus und der große Obst- und Gemüsegarten. Hier lerne ich, wie Ananas wächst und wie Kakaoanbau funktioniert. Der andere Teil des Grundstücks zieht sich hinter dem Haus einen Hügel hinauf und ist mit riesigen alten Bäumen bewaldet. Dort hat er für Gäste ein Stelzenhaus aus Holz errichtet. 180-Grad-Blick und Aussicht bis zum Meer. Nachts kann ich den Sternenhimmel sehen und am Morgen meines Geburtstags, die Sonne geht gerade auf, werde ich mit Livemusik geweckt. Unser Gastgeber Jack spielt auf der Trompete *Happy Birthday to You*. Der Sound vermischt sich mit den Naturgeräuschen der Umgebung: Zikaden, die noch wach sind, und Vögel, die schon wach sind – ein Chor, den ich niemals vergessen werde.

An diesem Tag brechen wir zu einer mehrtägigen Tour durch den Regenwald auf, teils zu Fuß, teils zu Pferd. Das Ziel ist ein abgelegener Wasserfall, der höchste im Land, und ich bin freudig erregt. Die Einheimischen belächeln uns zwar ein bisschen, wie wir windschief auf unseren Pferden hängen, aber ich genieße die Reise auf dem Rücken dieser sanften Tiere. Irgendwann lassen wir die Pferde zurück und ein Costa Ricaner stößt zu uns. Er kennt den weiteren Weg und hat eine Art Machete dabei, mit der er schon bald den offenbar lange nicht begangenen Pfad freischlägt. Dann geht es den Hang hinauf, aber vor dem Anstieg packt Jack noch eine Überraschung für mich aus. Er hat mir eine Torte versprochen. Aber was er nun aus seinem Rucksack zieht, ist eine nahezu perfekt kugelrunde Frucht, so groß wie eine Melone und von braunem, flauschigem Äußeren, die angeschnitten ihr orangefarbenes Fruchtfleisch offenbart. Schon beim ersten Bissen verstehe ich die Analogie: Die Frucht, Zapote, schmeckt wirklich wie Torte!

Kurz darauf gehen wir gestärkt den Hang an. Am Anfang halte ich noch tapfer durch, aber irgendwann schaffe ich es kaum noch weiter. Es ist feuchtheiß, mir läuft der Schweiß in die Augen und von der Sonneneinstrahlung bilden sich kleine Blasen auf meiner Haut, an Händen und Unterarmen, die beim Kraxeln platzen. Als ich auf einem Vorsprung, der nicht viel tiefer ist als meine Füße lang sind, für einen Moment ausruhe, konstatiert Stefan: „Ach, es ist so schön, dass man solche Sachen mit dir machen kann!"

Ich starre ihn atemlos an und frage ungläubig: „Welche Wahl hätte ich denn deiner Meinung nach gerade?"

Mit vereinten Kräften geht es irgendwie weiter, und oben hören wir mit einem Mal tatsächlich das Rauschen des Wasserfalls. Bald darauf stehen wir direkt neben den sich in die Tiefe stürzenden Wassermassen des Salto Diamante.

Ein überwältigender Anblick, den wir ganz für uns allein haben. Gigantisch. Noch etwas weiter oben befindet sich eine große Höhle, in der wir es uns für die Nacht mit Schlafsäcken am Lagerfeuer gemütlich machen. Der Costa Ricaner besprüht meine offenen Wunden mit Desinfektionsmittel und verbindet sie – tapfer beiße ich die Zähne zusammen und bin stolz auf mich.

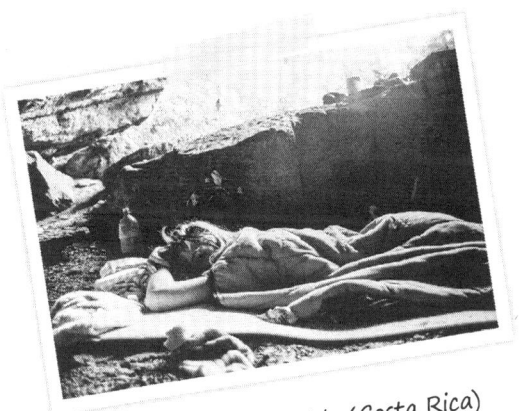

Schlafen in der Höhle (Costa Rica)

19

Nach der Rückkehr in die Hauptstadt ist es Zeit, sich zu Hause zu melden. Wir haben versprochen, wenigstens einmal anzurufen, damit alle beruhigt sind. Wir erreichen Stefans Papa und erzählen von unserem tollen Trip. Er fragt, ob auch wirklich alles in Ordnung sei, und da wir beschlossen haben, von unserem Reisescheckmissgeschick nichts zu erwähnen, geben wir uns betont optimistisch.

„Und warum bekomme ich dann Post von der Polizei?"

Hoppla … Damit haben wir nun wirklich nicht gerechnet. Also beichten wir, was passiert ist, und versichern, dass das Geld schon bis zum Ende reichen wird.

Nachdem wir Regenwald geschnuppert haben, wollen wir mehr. Daher beschließen wir, ein paar Tage lang ein NGO-Projekt zu besuchen. Eine NGO ist eine Nichtregierungsorganisation, die sich hauptsächlich durch Spendengelder finanziert. Sie erlauben Besuchern, an Exkursionen teilzunehmen, und schon die Fahrt zur Farm ist ein Erlebnis. Wir werden mit einem Traktor abgeholt, auf dessen Anhänger für alle Platz ist. Ich bin froh über meine rustikale Trekkingkleidung und vor allem die robusten Schuhe, denn es wird schon bald sehr matschig. Immer wieder müssen wir absteigen und schieben. Ich wundere mich über den Japaner, der mit Cowboystiefeln und weißer Hose reglos sitzen bleibt. Das Einzige, was ihn zu interessieren scheint, ist Nebel. Immer wieder fragt er, wo der Nebel sei, und sein Begleiter klärt uns schließlich auf. „Er ist der Regisseur unseres neuen

Horrorfilms, und macht diesen Trip, um sich in die Atmosphäre einzufühlen.‟

Der Tourguide muss ihn enttäuschen, denn im Regenwald gibt's vor allem Regen, aber keinen Nebel. Das hat er sich wohl anders vorgestellt … und ich habe mir mein „Geschäft‟ am Abend etwas intimer vorgestellt.

Als ich zur Decke des Bretterverschlags, der als WC dient, hochschaue, starre ich auf den Körper einer Vogelspinne. Stefan, der vor der Tür wartet, fällt auf meinen Ausruf des Entsetzens nichts Besseres ein als: „Bleib ganz ruhig sitzen! Ich hole meine Kamera!‟

Danke, mir wäre Hilfe lieber gewesen. Schließlich nehme ich all meinen Mut zusammen und schleiche mich im Zeitlupentempo davon.

Monstergroße Blätter im Regenwald (Costa Rica)

Die Exkursionen sind eine Bereicherung. Wir lernen beispielsweise, dass Palmen laufen können. Ehrlich! Nur eben nicht so schnell wie wir, nur ein paar Zentimeter pro Jahr, immer der Sonne entgegen. Wir sehen unzählige Schmetterlinge und andere bunte Kleinlebewesen, und ja, eben auch Spinnen und Schlangen.

Irgendwann ist es Zeit, diese artenreiche Welt wieder zu verlassen und den Rückweg zur Küste anzutreten.

Ich rudere wild mit den Armen und schlucke dabei jede Menge Meerwasser. Stefan, der neben mir schwimmt, ruft mir zu, ich solle bei ausgehendem Wellengang abtauchen und mich auf den Meeresboden stellen, um mich mit der nächsten einlaufenden Welle mittragen zu lassen. Informatiker! Sinnvolle theoretische Konzepte – leider in diesem Moment ohne praktische Relevanz. Als er merkt, dass ich schwächer werde, versucht er mich zu ziehen. Doch das treibt uns beide nur weiter hinaus aufs Meer. Und plötzlich passiert etwas sehr Merkwürdiges: In Echtzeit nicht länger als ein Wimpernschlag, für mich jedoch eine gefühlte Ewigkeit lang, bleibt die Zeit stehen, als hätte jemand den Moment eingefroren. Scheinbar ohne konkreten Auslöser werde ich innerlich vollkommen ruhig. Ich sehe unsere Situation glasklar – zwei Figuren allein im Meer an einem menschenleeren Strand in Costa Rica.

Meine innere Stimme, vielleicht ist es mein höheres Selbst, meldet sich laut und deutlich zu Wort:

Du hast jetzt zwei Alternativen: Entweder nimmst du all deine Kraft zusammen und schwimmst, was das Zeug hält, zurück zum Strand oder das hier war es für dich. Los, du schaffst das!

Und in der nächsten Sekunde fängt mein Körper auch schon an zu schwimmen, ich muss gar nicht darüber nachdenken; kraftvoll und zielgerichtet. Ich male mir vor dem geistigen Auge keine negativen Konsequenzen mehr aus, sondern schwimme fokussiert auf den Strand zu. Und so werden die Palmen wieder größer, bis ich schließlich Boden unter den Füßen spüre. Stefan ist immer noch neben mir. Wir taumeln auf den weißen Sand und bleiben reglos nebeneinander liegen, bis wir wieder zu Atem kommen.

Das ist ja gerade noch einmal gut gegangen … Mein Schutzengel schaukelt in der Nähe auf einer Liane. Er versucht sich an einem Pokerface, aber ich weiß, dass er zwischen Tobsucht und Anerkennung schwankt und nur deshalb ruhig sitzen bleibt. (An dieser Stelle sei mir die Randbemerkung erlaubt, dass mein Schutzengel natürlich weiblich ist, zwar immer dem Anlass angemessen gekleidet – also durchaus auch im Trekking-Outfit – aber mit entsprechendem Flügelfederwerk. Sie ist feingliedriger als ich, hat ihr Herz am rechten Fleck und Augen, deren tiefgründiger Blick mich manchmal trösten und manchmal wütend durchbohren möchte. Der Grammatik halber ist in der Folge aber von „ihm", also dem Schutzengel, die Rede. Das haben wir meiner Lektorin zu verdanken.)

Später lernen wir, dass es ein Erdbeben gegeben hat, das zu Verwerfungen der Erdoberfläche führte, was sich wiederum auf die Strömungsverhältnisse im

Meer auswirkte. Jeder Einheimische weiß, wie wenig ratsam es ist – zumindest bei bestimmten Wetterlagen – weiter als bis zu den Knöcheln ins Wasser zu gehen. Danke, das hat uns niemand gesagt … Aber wir haben ja auch nicht gefragt.

Falls du dich fragst, wie die Geschichte mit den Reiseschecks ausgegangen ist: Kurz vor unserer Abreise meldet sich American Express mit guten Nachrichten. Die Unterschrift, die auf der Bank geleistet wurde, war zwar „sehr gut gemacht", aber der Grafologe bestätigte die Fälschung. Also liegt ein Betrugsfall vor, weshalb wir von der Versicherung unser Geld zurückbekommen. Die letzten drei Reisetage verbringe ich im Souvenirkaufrausch.

 ## Frischlings-Essenzen

Du kennst das sicher auch: Momente, Begegnungen und Erlebnisse, bei denen dir ein Licht aufgeht. Manchmal trifft es dich wie ein Blitz, ein anderes Mal sickert die Erkenntnis tröpfchenweise durch. Ich bin der Überzeugung, dass sich die Essenz unseres Lebens auf diese Momente verdichten lässt, auf diese markanten Fixpunkte, an die wir uns auch Jahre später noch erinnern, die unser Verständnis erweitern und uns als Person prägen. Ich nenne sie Abenteueressenzen und möchte nach jeder Geschichte mit dir teilen, was sich mir in der jeweiligen Reiseepisode erschlossen hat. Hier meine drei Einsichten zum Thema Sicherheit, die ich aus dem Start in mein Abenteuerreiseleben mitgenommen habe:

Wertsachen gehören grundsätzlich an einen sicheren Ort. Der Körper ist zwar nicht in jedem Fall die beste Adresse, aber er ist immer noch besser als ein verlassenes Hotelzimmer oder ein nicht gesichertes Auto. Bei Langzeitreisen lohnt es sich, Vorkehrungen zu treffen, z.B. Ketten und Schlösser im Rucksack mitzunehmen oder über unauffällige, nicht leicht zu knackende Aufbewahrungsorte im Reisemobil nachzudenken.

Ein leerer Strand ist nicht unbedingt eine Einladung, sondern vielleicht sogar eine Warnung. Menschen in anderen Ländern sind nicht so versessen darauf, Schilder aufzustellen wie wir Deutschen. Bevor du dich also in ein unnötiges Wagnis stürzt, frag die Einheimischen, ob es dort sicher ist – das gilt für das Baden im Meer ebenso wie beispielsweise für einen nächtlichen Spaziergang.

Wenn wir uns auf Land und Leute einlassen, um über die Kultur und Lebensweise etwas zu lernen, müssen wir darauf vertrauen, dass uns die Menschen wohlgesonnen sind. Dieses Vertrauen ist gut. Wenn mit dem Kontakt aber ein Geschäft verbunden ist, wie etwa die Buchung eines Ausflugs oder einer Übernachtung, ist ein gesundes Maß an Vorsicht sinnvoll. Wenn der Kopf „Ja!" schreit, aber der Bauch grummelt, solltest du dich fragen, was dir deine Intuition damit sagen will. Wenn man zu zweit unterwegs ist, kann man sich absichern – vielleicht hat der andere auch Zweifel, die das eigene Gefühl dann bestätigen können. Nicht jeder Geschäftsmann ist ein Schlitzohr, aber ich würde heute nicht mehr zu einem betrunkenen Seemann ins Boot steigen, nur weil seine Überfahrt zwei Euro billiger ist.

Regenwald kann sehr mystisch sein (Costa Rica)

Die Entdeckung der Langsamkeit

Ich schreie entsetzt: „Was mach ich, was mach ich, was mach ich?" Es ist keine Frage, sondern mein Ausdruck des Entsetzens im Angesicht des Unvermeidlichen.

Stefan antwortet vom Beifahrersitz ruhig und lakonisch: „Lenkrad gerade halten."

Doch zu spät; da überschlägt sich unser Geländewagen – gefühlt in Zeitlupe – auch schon. Er rutscht mit einem fiesen Knirschen über den Schotter; ein Geräusch, das sich mir für immer ins Gedächtnis brennt. Der Deckel der Kompressorkühlbox hinter dem Fahrersitz ist durch die geborstene Windschutzscheibe in Richtung afrikanische Abendsonne unterwegs. Bierdosen, rohe Eier und andere Kühlwaren zischen an unseren Köpfen vorbei und zerplatzen im Fußraum.

Nach einer gefühlten Ewigkeit kommt unser Expeditionsmobil, zwar entgegen der Fahrtrichtung, aber immerhin auf allen vier Rädern, zum Stehen. Ich bin panisch, aber unverletzt. Erneut, zum Glück. Jetzt müssen wir aber raus hier, und das ist gar nicht so einfach, denn die Türen des Land Rovers lassen sich kaum noch öffnen. Der Geländewagen, der für die nächsten Monate unser Zuhause sein sollte, ist nur noch ein zerbeultes Häuflein Elend ohne Scheiben, das in seiner eigenen Brühe steht. Unsere Habseligkeiten sind auf der Straße verstreut oder bis in die angrenzenden Felder geflogen – und es wird dunkel. Wir sind mitten im Nirgendwo Namibias.

Stefan hat seinen Kopf während des Überschlags geistesgegenwärtig mit den Armen geschützt, denn das Dach eines Land Rovers gibt normalerweise bei Druck von oben nach wie ein Hamburgerbrötchen. Wir hatten unverschämtes Glück, denn der mit dem Fahrgestell verstrebte Stahldachträger unseres Geländewagens hat das Schlimmste verhindert. Stefan hat trotzdem ein Loch im Ellenbogen. Beim Überschlag ist ihm das Dach buchstäblich unter die Haut gegangen. Da er kein Blut sehen kann, ohne umzufallen, legt er sich vorsichtshalber an den Straßenrand. Daneben hockt zitternd und erschöpft mein Schutzengel und schaut mich mit diesem verwirrten Blick an, den ich inzwischen gut kenne. *Warum, Heidi? Schon wieder?* Ich schäme mich. Dieser Elchtest auf der Wellblechpiste war zwar unbeabsichtigt, aber vermeidbar und definitiv lebensgefährlich. Ich war deutlich zu schnell unterwegs und verriss im entscheidenden Moment das Lenkrad.

In das Armageddon, das ich uns geschaffen habe, rollt nun langsam ein alter Pick-up. Darin sitzen die Hanlies, ein älteres Farmer-Ehepaar. Sie brauchen nicht lange, um zu erfassen, was sich hier abgespielt hat, und so steuert Niam schnurstracks auf Stefan zu und überredet ihn, mit zur nächsten Farm zu kommen, wo seine Wunde mit Waffenöl desinfiziert (autsch!) und fachmännisch verbunden wird. Derweil sammelt seine Frau, Sonntag (sie heißt wirklich so), mit mir unseren Krimskrams zusammen, um ihn zurück ins Auto zu verfrachten – die Boxen, die auf dem Dach angeschraubt waren ebenso wie unsere Pässe, die Kameraausrüstung, Kleidung und den Kühlboxdeckel. Ich verstehe jetzt, wie sich Phil Connors alias Bill Murray in „Und täglich grüßt das Murmeltier" gefühlt haben muss. Ich kann einfach nicht anders, als Sonntag das, was gerade passiert ist, immer und immer wieder zu erzählen, weil der Film als Endlosschleife durch meine Hirnwindungen saust. Sie stellt mir zur Ablenkung Fragen wie: „Wie seid ihr überhaupt hierhergekommen?"

Zum Millenniumswechsel saßen Stefan und ich auf einer libyschen Düne und beschlossen, den afrikanischen Kontinent im Detail und auf eigene Faust zu erkunden. Ein geeignetes Auto, einen Land Rover Defender 110 TDI, hatten wir bereits, allerdings wären einige Umbauten nötig, um ihn für eine Transafrikareise fit zu machen. Das bedeutete für Stefan, dass er seine Wochenenden und Feierabende über ein gutes Jahr hinweg in der Scheune von Freunden verbrachte; schraubend, sägend und fluchend.

Als ihm sein Arbeitgeber dann ein Sabbatical anbot, griff er zu, und ich reichte bei der PR-Agentur, für die ich arbeitete, die Kündigung ein. Unsere

Wohnung vermieteten wir kurzerhand unter, und nach einem großen Abschiedsfest mit Familie und Freunden schipperte der Landy von Hamburg nach Kapstadt, während wir hinterherflogen — acht Monate Freiheit, wir kommen!

Der Trip ist gerade einmal drei Wochen alt, und jetzt das!

Inzwischen ist es dunkel. Stefan und Niam kommen zurück. Sie haben einen Abschleppwagen verständigt, der uns in den nächstgelegenen Ort bringen soll. Als wir uns von dem Paar verabschieden, umarmt mich Sonntag herzlich. „Diese Erfahrung, so schmerzlich sie ist, hat einen tieferen Sinn. Auch wenn ihr ihn jetzt noch nicht sehen könnt."

Ich hoffe, dass die Erkenntnis nicht allzu lange auf sich warten lässt.

Auf halber Strecke zum nächsten Ort hat der Abschleppwagen eine Reifenpanne — das ist der Moment, in dem ich in die Phase der hysterischen Lachanfälle eintrete. Danie, der Fahrer, setzt uns schließlich im einzigen und sehr teuren Hotel im Ort ab. An der Rezeption drücken sie uns zur Begrüßung erst einmal ein Glas Sekt in die Hand und ich gleite in die Phase der Heulkrämpfe. Die halbe Nacht liege ich wach und stelle mir vor, wie dunkle Schatten auf dem Hof des Abschleppdienstes alles aus unserem Auto klauen, was noch übrig ist — schließlich sind die Scheiben kaputt.

Beim Frühstück diskutieren wir unsere Optionen. Realistisch sind am Ende nur zwei Szenarien:

Variante 1 – Das war's. Wir fahren sofort wieder nach Hause.
Variante 2 – Wir lassen den Landy notdürftig reparieren, und schauen, wie es läuft.

Abgesehen davon, dass wir in Deutschland keine Wohnung und keine Jobs mehr haben, geben wir unseren Traum, von Kapstadt nach Kairo zu fahren, so schnell nicht auf. Allerdings müssen wir die Kosten für die Reparatur von unserem Reisebudget abziehen, weil wir uns gegen die völlig überteuerte Versicherung entschieden haben. Es wird also darauf ankommen, was neben Blech und Glas noch kaputt ist.

Etwas später beim Abschleppdienst werden wir positiv überrascht, denn Danie hat auch schon nachgedacht und präsentiert uns einen Plan. „In Namibia bekommt ihr den Wagen nicht wieder flott. Die notwendigen Teile gibt es hier nicht, und sie zu importieren, wäre viel zu teuer. In Südafrika ist es leichter, also rufen wir einen Karosseriebaubetrieb in Kapstadt an, den ich gut kenne. Wenn die sagen, sie bekommen die Kiste wieder hin, fahre ich euch heute Nacht mit meinem Lastwagen zu ihnen." Dann führt er uns auf den Hof, wo unser Landy über Nacht gut aufgehoben war. Ich schäme mich für meine Gedanken.

Zum ersten Mal sehen wir das Ausmaß der Bescherung bei Tageslicht. Widerstreitende Emotionen ringen in mir um die Obermacht – am Ende überwiegt statt der Selbstvorwürfe die Dankbarkeit darüber, dass wir noch am Leben sind. Stefan verliert kein einziges Wort über das, was ich angerichtet habe – weder jetzt noch später.

Schöne Bescherung! Unser Landy nach dem Überschlag (Namibia)

Bei Panelrite in Kapstadt schauen sie sich unsere per Mail übermittelten Fotos an und glauben, dass sie uns wieder auf die Straße bekommen. So sitzen wir bei Anbruch der Dunkelheit zu dritt in der Kabine von Danies LKW, auf dessen Ladefläche der Landy gut verzurrt ist. Tausend Kilometer Fahrt nach Kapstadt liegen vor uns – zurück auf Anfang. Da Danie tagsüber gearbeitet hat und der Einzige ist, der den großen LKW fahren darf, sind wir nach den ersten fröhlichen Stunden eifrig darum bemüht, ihn am Einschlafen zu hindern. Wir diskutieren buchstäblich über Gott und die Welt. Danie ist seit zwei Monaten stolzer Vater eine Tochter und versteht nicht, dass wir mit Mitte Dreißig weder verheiratet sind noch Kinder haben. „Ihr müsst heiraten – wegen der Bibel!"

Darauf fällt mir nichts Intelligentes ein. Stattdessen zucke ich in jeder Kurve zusammen, weil ich jedes Mal damit rechne, dass wir umfallen. Ich werde erst Monate später wieder am Steuer sitzen; gezwungenermaßen, weil Stefan sich einen Bänderriss zuzieht, aber das ist eine andere Geschichte.

Als die Sonne aufgeht, begrüßt uns schließlich Kapstadts charakteristische, vom Tafelberg beherrschte Silhouette … zum zweiten Mal.

Panelrite ist der Betrieb der Familie Cross – weiße Mittelständler, die Karosserieumbauten vornehmen. Das Regiment über die rund vierzig Angestellten, ein gemischtes Völkchen, führt Vater Cross. Nach unserer Ankunft geht es erst einmal in sein Büro, wo wir mit Tee und Kuchen versorgt werden. Dann hören wir uns seine Afrikareisegeschichten an.

Steven, sein Sohn, hat vor Jahren eine Transafrikatour von London nach Kapstadt gemacht. Sein Geländewagen war ebenfalls ein Land Rover Defender – ein hergerichteter Unfallwagen. Na, wenn das kein gutes Omen ist! Die Familie ist ganz heiß darauf, uns wieder auf die Straße zu bringen. „Wir sorgen schon dafür, dass euer Auto wieder ein Geländewagen wird, auf den ihr stolz sein könnt." Und den ersten Tipp bekommen wir gleich gratis: „Ihr seid viel zu schwer unterwegs. Seht zu, dass ihr Kram loswerdet!"

Danie wird unruhig, er muss zurück. Ich kann nicht fassen, dass er keine Pause machen will. Wir bieten ihm an, ein Hotelzimmer zu bezahlen, damit er wenigstens ein paar Stunden schlafen kann, aber er will nicht. So telefoniere ich mit der Bank, die mir eine Stunde einräumt, um größere Geldbeträge abzuheben, damit ich ihn bezahlen kann, und kurz darauf verschwindet er mit seinem LKW in einer Staubwolke. Danie – einer der Menschen, deren Hilfsbereitschaft ich niemals vergessen werde. Ich hoffe, dass er heil nach Hause kommt, denn wie tückisch afrikanische Pisten sein können, weiß ich jetzt.

Da unser mobiles Zuhause für mehrere Wochen bei Panelrite bleiben muss, ist unsere nächste Aufgabe, ein Dach über dem Kopf zu finden. Wir melden uns in der St. Johns Waterfront Lodge ein, wo sie uns schon in den Tagen nach unserer Ankunft in Südafrika einen tollen Empfang bereiteten. Zur Begrüßung fällt uns die ganze Belegschaft um den Hals. Dass wir uns so schnell wiedersehen würden, hätte niemand gedacht …

„Wir sind so froh, dass euch nichts Schlimmes passiert ist!" Iris, die Besitzerin der Lodge, hat nebenan ein Apartment, das gerade leer steht. Sie bietet es uns zum Freundschaftspreis an, und wir sind überwältigt von so viel Großzügigkeit. Wir breiten unsere Habseligkeiten im Apartment aus und stellen fest, dass Steven recht hat: Wir haben wirklich viel Zeug dabei. Ich habe vor der Verschiffung wie eine Weltmeisterin Lebensmittel eingekauft. Jetzt schaue ich ungläubig auf die vier prall gefüllten Boxen. Offenbar war mein Grundgedanke, dass es in Afrika nichts Brauchbares zu futtern gäbe. Dabei hätte ich Reis, Nudeln und

Konserven hier ohne Probleme bekommen. Aus heutiger Sicht vollkommen absurd mutet garantiert unser mitgeführtes Bücherregal an, aber zum Jahrtausendwechsel wurden Reiseführer noch in Papierform durch die Landschaft gefahren … für manche Reiseziele sogar in mehrfacher Ausführung. Wir misten also gründlich aus, und so manches findet in der Lodge einen glücklichen Neubesitzer.

Unter der Woche sind wir fortan jeden Tag in der Werkstatt. Es gilt viele Entscheidungen zu fällen, wie etwa, welche Karosserieteile wir ausbeulen lassen und welche wir vom Schrottplatz besorgen. In Deutschland würde sich diese Frage niemand stellen – bei unseren Stundenlöhnen setzt sich niemand mit einem Hämmerchen hin und dengelt einen Kotflügel wieder gerade. Aber in Afrika wird das gemacht, genauso wie aus zwei Karosserieteilen eines zu schweißen, wenn zwei zusammenpassende Hälften noch gut sind.

Nach wenigen Tagen gehören wir quasi zur Belegschaft. Das merken wir daran, dass der Chef von der Balustrade vor seinem Büro im zweiten Stock auf die Uhr tippt und zu uns herunterruft: „Ganz schön spät heute!", wenn die Party in der Lodge am Vorabend mal wieder länger ging und wir nicht pünktlich um sieben Uhr da sind. Wir haben den Innenausbau auf Werkbänke verteilt und flicken ihn wieder zusammen. Viele Holzteile sind beim Überschlag geborsten oder aus der Aufhängung gerissen. Die entsprechenden Stellen verstärken wir nun, da wir verstehen, welche Kräfte auch bei normaler Fahrt auf das Auto wirken.

Für uns fühlt es sich schon bald wie Alltag an, in die Werkstatt zu kommen, in der an zahlreichen Autos parallel gearbeitet wird. Die Angestellten unterhalten sich dabei rege und streiten permanent um Werkzeug. Jeder Deutsche Michel würde hier einen Vogel kriegen. Es gibt zwar Werkzeugkästen und jede Menge Schubladen und Regale, aber die sind leer. Wenn ein Teil nicht mehr gebraucht wird, bleibt es einfach da liegen, wo es zuletzt benutzt wurde, oder fliegt aus einer Laune heraus in hohem Bogen durch die Luft. Unseren Drang zur Effizienz hängen wir alsbald an die leeren Haken der kahlen Wände.

Jedes Fahrzeug in dieser Werkstatt hat eine Geschichte, und nach einer Weile bin ich gar nicht mehr so scharf darauf, sie alle zu kennen, denn meist sind es keine Storys mit Happy End. Gearbeitet wird strikt nach Stechuhr. Alles andere laugt die Leute nur aus, so die Cross'sche Philosophie. Das Arbeitsende wird mit einer Hupe angekündigt, wir wissen aber immer schon vorher, wenn es bald so weit ist, da sich die Stimmung merklich ändert. Es wird gepfiffen, gesungen und gelacht.

Nach anfänglich unsicherem Beschnuppern nehmen die Berührungspunkte zwischen der Belegschaft und uns zu. Die beiden Mitarbeiter, die an unserem Expeditionsmobil arbeiten, lernen wir besonders gut kennen: der gelernte Karosseriebauer Rowland und sein Helfer Amos. Rowland hat den Land Rover des Juniorchefs hergerichtet, den wir als strahlendes Vorbild täglich vor Augen haben. Amos geht ihm zur Hand und ist sehr bemüht, seine Sache richtig zu machen. Dabei zeigt

Rowland viel Geduld mit ihm. Regelmäßig schaut Vater Cross vorbei und stellt immer dieselbe Frage: „Und, gewinnen wir hier?"

Ich bin fasziniert davon, wie weit man einen Land Rover auseinandernehmen kann. Irgendwann ist unser Reisemobil bis auf Motorblock und Rahmen mit Bodenblech zerlegt – von jetzt an geht es bergauf! Zu unserem großen Glück bekommen wir von einem Safariunternehmer aus Johannesburg ein gebrauchtes Dach, da er seine Fahrzeuge für Touren in die Nationalparks umrüstet. Eine weitere gute Nachricht lautet: Der Motor hat beim Salto praktisch keinen Schaden erlitten. Hier tun es kleinere Reparaturen, wie auch am Kühler. Sogar das Fahrgestell ist noch in Ordnung. Es hat keine Risse und wurde nach fachmännischer Vermessung und einigem Augenzudrücken für gerade befunden.

Für die Metallarbeiten an unserem Wagen ist Kevin verantwortlich. Eines Tages hat er eine Halterung für unsere Allzweck-Schaufel gebastelt, für die es nie einen vernünftigen Platz gab. Ich soll sie in meinem Rucksack verschwinden lassen, denn wenn der Chef sie sieht, bekommt er einen Anfall. Kevin freut sich, uns ein Geschenk zu machen, das wir von nun an dabeihaben. Immer wenn sich unsere Blicke begegnen, lächeln wir einander verschwörerisch zu.

Nach zwei Wochen sehen wir endlich Land und können uns zum ersten Mal vorstellen, wie wir mit unserem jetzt bunten Land Rover vom Hof rollen. Die Ersatzteile sind von verschiedenen Fahrzeugen und farblich daher wild zusammengewürfelt. Wir haben Kassensturz gemacht und entschieden, dass wir das Geld lieber in Reisehighlights investieren als in eine einheitliche Lackierung. Das findet der Chef allerdings überhaupt nicht lustig. Kurzerhand weist er seinen Lackierer an, alle Teile schwarz einzufärben. Scheiß auf das Geld, hier geht es um seinen Ruf! Wir protestieren nur fürs Protokoll.

Am 9. Juni 2003 ist es so weit: Der Land Rover ist fertig. Jetzt heißt es Abschiednehmen von der uns so vertrauten Umgebung und den vielen lieb gewonnenen Menschen. Obwohl wir uns wie kleine Kinder freuen, wieder loszufahren, tun wir es mit einem lachenden und einem weinenden Auge.

Zur Krönung wird noch ein Foto fürs Familienalbum gemacht: Der Cross-Klan und wir, samt Landy, vor der idyllischen Kulisse des Table Mountain. Zu guter Letzt noch eine Runde durch die Werkstatt. Wir schütteln sehr viele Hände, werden umarmt und mit guten Wünschen überschüttet. Vor lauter Rührung weiß ich gar nicht wohin mit mir.

Unser ganz persönliches Wiederaufbruchfoto machen wir am Bloubergstrand: blütenweißer Sand, himmelblaues Meer und im Hintergrund Kapstadt mit Signal Hill und Table Mountain. Der Aufbruch 2.0 findet unter neuen Vorzeichen statt, denn die afrikanische Gelassenheit hat längst begonnen, abzufärben. Wir haben die Langsamkeit für uns entdeckt und gelernt, dass es nicht so wichtig ist, irgendwo anzukommen, sondern aufmerksam und mit Freude unterwegs zu sein.

Aufbruch Reloaded (Kapstadt, Südafrika)

In den folgenden Monaten nehmen wir die Gelegenheiten wahr, die sich uns spontan bieten, bleiben, wo es uns gefällt, beherzigen Tipps von Einheimischen und integrieren die Empfehlungen anderer Reisender in unsere Route, auch wenn sie einen Umweg bedeuten. Dadurch haben wir sehr intensive Begegnungen und erleben unser ganz persönliches Afrika. Welches Abenteuerpotenzial außerdem darin steckt, mit einem Unfallwagen unterwegs zu sein, wissen wir in diesem Moment noch nicht, und das ist auch besser so …

Unfall-Essenzen

Wenn wir uns ein Thema neu erarbeiten, zahlen wir Lehrgeld, weil wir Fehler machen. Aber wenn wir ehrlich sind, lernen wir aus diesen Fehlern sehr viel mehr als aus Erfolgen – vielleicht nennt man diese Erfahrungen im Volksmund auch deshalb Lektionen. Über so manche Situation habe ich mich trotzdem geärgert, weil ich sie mit besserer Kenntnis manchmal hätte vermeiden können. Damit du meine Fehler nicht auch machen musst, fasse ich meine Abenteuer-Essenzen aus dem Fehlstart in unsere erste Transafrikatour hier zusammen:

Im Expeditionsfahrzeug gilt: Alles Schwere muss nach unten. Werkzeug oder gar Ersatzreifen sind nichts für den Dachständer – andernfalls droht der Elchtest.

Auf einer Wellblechpiste zu fahren ist tückisch. Langsames Vorankommen erschüttert dich und dein Fahrzeug auf zermürbende Art und Weise und führt zu hoher Materialbeanspruchung. Beim Ausbau sollte man bedenken, dass diese Pisten überall auf der Welt zu finden sind, und auf keinen Fall sollte man sich dann an den Einheimischen orientieren, denn sie fahren meist zu schnell! Mit 100 km/h auf dem Wellenberg zu reiten mag zwar bequemer sein, aber lenken kann man dann nicht wirklich gut. Bei plötzlichen Hindernissen wie Tieren oder – wie in meinem Fall – Kurven (wo kam die eigentlich her?) ist die Chance, noch adäquat zu reagieren, minimal.

In Afrika ist die Versorgung mit Lebensmitteln unproblematisch. Der Besuch auf einem Markt wird zum Highlight, weil es hier nicht nur um Handel geht, sondern auch darum, soziale Kontakte zu pflegen. Ein buntes Durcheinander aus Obst, Gemüse, farbigen Tüchern und Geschnatter. Was der europäischen Seele darüber hinaus fehlt, bekommt sie in ausländischen Supermärkten – selbst Nutella!

Reisen heißt für mich, den eigenen Rhythmus finden. Im Alltag sind wir es gewohnt, nach Uhr und Kalender zu leben. Jede Stunde wird optimal genutzt; selbst unsere Jahresurlaube verbringen wir so, dass wir innerhalb kürzester Zeit möglichst viel sehen. Dadurch muten wir uns Tage zu, die anstrengend sind, statt einzelne Momente zu genießen und uns dabei zu entspannen. Mir hilft es, mich den örtlichen Gepflogenheiten anzupassen. Afrikaner machen es einem da leicht, denn hier rennt niemand von A nach B oder hält sich an irgendwelche Uhrzeiten. Selbst Busse fahren erst ab, wenn sie voll sind.

Das Leben schmeckt bittersüß. Zu einem Traum gehört, dass man das, was einem das Leben präsentiert, gelegentlich aushält, um es danach umso mehr zu genießen.

Der Wunsch nach Sicherheit liegt in der Natur des Menschen. In den Industrienationen wachsen wir aber inzwischen in der Illusion auf, dass es für alles eine Versicherung gibt – Vollkasko-Mentalität. Aber das Leben lässt sich nicht versichern!

Wenn ich etwas *wirklich* will, tauchen die richtigen Menschen auf, um mir ihre Unterstützung anzubieten. Hilfe anzunehmen ist eine Qualität, kein Makel – und unser Schutzengel ist auch immer an unserer Seite!

In der Werkstatt von Familie Cross arbeiten alle daran, uns wieder auf die Straße zu bringen (Kapstadt, Südafrika)

Unters Naturvolk gemischt

Stefan erzählte mir aufgeregt von einem Bericht über Indonesien, den er in der *GEO* gelesen hatte. Die Geschichten über den Regenwald, die Orang-Utans, aber auch die Meeresschildkröten und die hinduistischen Bräuche faszinierten uns. Und so war der Grundstein für eine Reise gelegt, auf der ich mich nun auf einem klapprigen Kahn wiederfinde, der in der Nacht von der Insel Sumatra zur kleinen vorgelagerten Insel Siberut übersetzen soll. Wir werden im Rahmen einer gebuchten Tour einige Tage mit dem Volksstamm der Mentawai verbringen. Diese Jäger und Sammler zählen zu den ursprünglichsten Völkern Indonesiens und leben zurückgezogen im Regenwald ihrer Insel.

Unsere Koje für die Nacht befindet sich im Rumpf des rostigen Schiffes. Wir suchen uns eines der Doppelstockbetten aus und fühlen uns prompt in die Zeiten von Klassenfahrten zurückversetzt. Das Bett neben uns beziehen ein holländischer und ein kanadischer Teilnehmer; insgesamt umfasst unsere internationale Expedition zehn Teilnehmer. Durch das Bullauge können wir das rege Treiben am Hafen beobachten.

Ich bin nicht sehr seefest und habe mich daher vor Antritt der Überfahrt in einer lokalen Apotheke mit Tabletten eingedeckt. „Ich hätte gern etwas Starkes gegen Seekrankheit", sagte ich. „Da habe ich genau das Richtige für Sie – das wird Sie beruhigen", antwortete die Apothekerin. Das reichte mir. An weiteren Details war ich nicht interessiert.

Als wir zur Abfahrt bereit sind, ist gefühlt jeder Quadratzentimeter mit Menschen, ihren Habseligkeiten und unzähligen Waren für die Inselbewohner belegt. Der Abend ist warm, es weht ein laues Lüftchen. Da uns frischer Fahrtwind lieber ist als der Dieselmotorengestank unter Deck, machen wir es uns neben der Brücke gemütlich. Der Kapitän legt eine CD von Kenny G ein, seine Saxophonklänge hallen über die Lautsprecher durch das ganze Schiff. Täusche ich mich oder gleite ich gerade in eine Art Trancezustand?

Fähre nach Siberut (Indonesien) –
Überall Menschen und ihre Habseligkeiten

Die Wellen werden höher, die Schaukelbewegung des Schiffes nimmt zu. Ich beginne grundlos zu kichern. Der Kapitän schaltet die Musik aus und fordert alle auf, unter Deck zu gehen. „Jetzt wird es ein bisschen ungemütlich."

Der schon etwas blasse Stefan hat seine liebe Not, mich über die steilen Treppen zu unserem Doppelstockbett zu bugsieren, weil ich nicht kooperiere. Das Schaukeln ist so nett und mir scheint alles farbenfroh und fröhlich. Wir rollen unsere Schlafsäcke über die Betten, Stefan klettert nach oben, ich liege unten. Ich fühle mich wie in der Achterbahn. Das Schiff steigt auf, scheint einen Moment in der Luft zu schweben, um danach krachend in ein Wellenloch zu stürzen. Meerwasser spritzt auf – ich sehe es durch das Bullauge. Parallel dazu hat der Himmel seine Schleusen geöffnet, und nach einer Weile kommt das Wasser auch in meinem Schlafsack an. Es plätschert durch alle Gänge. In den sich bildenden Flüsschen schwimmen ziellos die Waren umher.

Am Bettende sitzt im Schneidersitz mein Schutzengel – mit wütendem Gesichtsausdruck. Er versucht sich an Pantomime. Irgendwas mit Tabletten und einem sinkenden Schiff. Bevor er entschwindet, zeigt er mir den Vogel. Über mir höre ich Stefan stöhnen, der verzweifelt versucht, einen nicht mehr existierenden festen Punkt zu fixieren. Der Holländer neben mir kann sein Abendessen nicht länger bei sich behalten.

Ich muss trotz der Geräuschkulisse eingeschlafen sein, denn als ich wieder zu mir komme, liegen wir vor Anker, bei strahlendem Sonnenschein.

Wochen später werde ich feststellen, dass ein Inhaltsstoff der sogenannten Reisetabletten bei uns verboten ist. Und wir werden in der Zeitung lesen, dass die Fähre zwischenzeitlich gesunken ist.

Aber hier und jetzt freuen sich alle, endlich wieder festen Boden unter den Füßen zu haben. Wir sind neugierig auf die Begegnung mit den Mentawai, schultern unsere Rucksäcke und laufen im Gänsemarsch hinter dem Reiseführer her. Er kennt die Inselbewohner und spricht ihre Sprache, weil er eine Weile mit den Mentawai gelebt hat. Er sieht aus wie Charles Bronson.

Da wir angegeben haben, fit genug für längere Touren durch den Busch zu sein, geht es jetzt auch direkt ans Eingemachte. In Begleitung mehrerer Einheimischer laufen wir über schlammigen Waldboden und fangen uns die ersten Blutegel ein. Ich verstehe nicht, wie sie hier barfuß laufen können. Ein etwa zwölfjähriger Junge mit Mandelaugen, den sie Ikeb Kenan nennen, zeigt mir seine Fußsohlen – sie sind hart wie Leder. Tritt er sich einen Dorn ein, schneidet er ihn mit einer Machete einfach großzügig aus dem Horn.

Es ist schwül und schon nach kurzer Zeit rinnt mir der Schweiß den Rücken hinunter bis zum Steißbein. Die Trekkingbekleidung klebt mir am Körper. Ikeb ruft immer wieder belustigt: „Orang putih moile, moile!" – Der weiße Mensch ist sehr langsam!

An einer Stelle müssen wir einen breiteren Fluss überqueren. Die Brücke, die diesen Namen eigentlich nicht verdient, besteht aus einem Baumstamm, der in stattlicher Höhe quer über dem Flussbett liegt. Es hilft nichts – da müssen wir drüber. Charles

Bronson ermutigt uns, beim Balancieren nicht in die braunschlierige Brühe unter uns zu starren, sondern lieber geradeaus zu schauen. Ich konzentriere mich auf meine Füße, setze einen Schritt vor den anderen und bin heilfroh, als ich auf der anderen Seite ankomme, wenn auch „moile, moile".

Die Lebensweise der Mentawai ist nicht auf Sesshaftigkeit in klassischen Wohnungen ausgelegt. Sie bevorzugen das Leben als Jäger und Sammler, im Einklang mit der Natur, scheinen noch zu fühlen, was die Welt um sie herum braucht.

Toshi stellt seinen Lendenschurz selbst her (Siberut, Indonesien)

Im Verlauf unseres Besuchs sehen wir häufiger, wie Jäger eine Pflanze an einem für sie nicht idealen Standort ausgraben und woanders wieder einpflanzen, damit sie eine Chance hat, groß und stark zu werden. Mentawai tragen keine Kleidung, was ich angesichts dessen, wie mir meine am Körper klebt, für sehr vernünftig halte. Stattdessen ist ihre Haut mit Tattoos verziert, aus denen das geübte Auge Informationen über soziale Stellung und Beruf herauslesen kann. Für diese Menschen ist die Haut ein Kunstobjekt, das atmen will. Bei den zahlreichen Umarmungen, in die man sich hier ohne Scham oder Zurückhaltung wirft, stelle ich fest, wie zart ihre Haut ist, und selbst die der Dorfältesten wirkt sehr jugendlich.

Aber es gibt ein Problem. Die indonesische Regierung möchte international ernst genommen werden und schämt sich für ihre Naturvölker. Daher wird versucht, sie zur Sesshaftigkeit zu zwingen. Eigentlich leben die Familien in Holzhäusern, die als Pfahlbauten mit großen Veranden angelegt sind. Unter den Wohnräumen leben Hausschweine, die alles fressen, was zu ihnen herunterpurzelt (auch Kameraobjektivverschlüsse aus Plastik). Doch nun lässt die Regierung Steinhäuser errichten, in die sie die Mentawai zwangsumsiedelt.

Am ersten Abend wohnen wir bei einer Großfamilie, deren Mitglieder zu zählen ich schnell aufgebe. Nur so viel steht fest: Mindestens drei Generationen sind hier versammelt. Die Rollenverteilung ist klassisch: Die Frauen kümmern sich um das Haus, die Feuerstelle und die Kinder, die Männer sorgen dafür, dass etwas zum Essen da ist. Am liebsten ist ihnen dabei die Jagd mit Pfeil und Bogen. Sie pirschen sich lautlos an das Wild heran und erlegen es mit Pfeilen, die vorher in den tödlichen Saft von endemischen Pflanzen getaucht werden. Das Gift tötet innerhalb von Minuten, so muss das Tier, das sich ihnen als Opfer darbringt, nicht leiden. Ihre Dankbarkeit gegenüber dem Geschöpf bringen sie durch Gesten zum Ausdruck.

Stefan möchte Pfeil und Bogen als Erinnerungsstücke mit nach Hause nehmen. Ich halte das zwar für reichlich sperriges Gepäck, aber protestiere erst, als klar wird, dass die zugehörigen Pfeile noch das tödliche Gift an sich tragen. Meinen emotionalen Ausbruch quittieren die Männer mit Gelächter. Die Pfeile werden trotzdem abgekocht.

Mir gefällt dieses Leben im Rhythmus der Natur. Wir brechen mit den ersten Sonnenstrahlen auf. In der schwülen Mittagshitze machen wir Rast. Zwischendurch waschen wir uns im Fluss. Bei unseren Gastgebern angekommen, versammeln sich alle zum Abendessen, das meist aus Reis und Gemüse besteht. Anschließend sitzen wir um ein Feuer und lauschen den Geschichten der Ältesten, die Charles Bronson für uns übersetzt. Leider gibt es oft kein Happy End. Die Mentawai glauben an Geister, die sie mit Worten und Taten zu besänftigen versuchen. Wenn die Geister dennoch einen Verwandten holen, muss das Haus, in dem dieser gestorben ist, verlassen werden. Früher ist die ganze Sippe einfach weitergezogen – aber heute, wo sie gezwungen werden, in ihren Häusern zu bleiben, erzeugt der emotionale Druck, mit dem bösen Geist unter einem Dach leben zu müssen, zahlreiche psychische Probleme. Und damit nicht genug. Die Regierung nimmt keinerlei Rücksicht auf die Tatsache, dass diese Menschen nicht in der sogenannten Zivilisation ankommen *wollen*. Zu einem hohen Fest, das in der Hauptstadt Jakarta, auf der Insel Java, unter Anwesenheit ranghoher ausländischer Gäste stattfand, wurden Bewohner zahlreicher Inseln zwangseingeflogen. Der Alte, den es aus Siberut getroffen hatte, erzählt uns mit erstickter Stimme, wie er sich gefühlt hat, als er in das Flugzeug steigen musste. Wenn er daran denkt, wie es abhob, bekommt er noch heute Schweißausbrüche. Er befürchtete, dass seine Seele nicht mitkommen würde.

Am nächsten Morgen wache auch ich schweißgebadet auf und nutze die Gunst der frühen Stunde, um mich – vermeintlich unbeobachtet – im Fluss frisch zu machen. Kaum stehe ich im kühlenden Wasser, kommt eine junge Frau aus dem Busch auf mich zu. Sie baut sich lächelnd vor mir auf und fasst mir mit zwei schwungvollen Bewegungen zunächst an die Brüste und dann in den Schritt. Ich bin so überrascht, dass ich stillhalte. Mit wenigen behänden Schritten ist sie gleich darauf auch schon wieder im Grün des Blätterwalds verschwunden. Ich blinzele kurz, um mich zu vergewissern, dass ich mir das nicht eingebildet habe, dann sehe ich mich zögernd um. Auf der Veranda steht Charles Bronson und grinst.

Später frage ich ihn: „Hast du uns beobachtet?"

„War ja nicht zu übersehen."

„Warum hat sie das gemacht?"

„Na, aus Neugier. Sie wollte gucken, ob du genauso gebaut bist wie sie."

Ich ärgere mich über mich selbst, dass ich ihr keine Geste der Freundschaft geschenkt habe.

Unsere letzte Nacht auf Siberut verbringen wir in der Hafenstadt. Hier möchte ich in Tränen darüber ausbrechen, wie viele Menschen apathisch ihre Lebenszeit absitzen, obwohl sie unter anderen Umständen fröhlich sein könnten. Menschen, die ihre Tattoos unter zerschlissener Kleidung verbergen, und den Tag, an dem sie nichts anderes zu tun haben, als sich selbst zu verleugnen, in Alkohol ertränken.

Ich verstehe das nicht. Warum lässt man diese Menschen nicht einfach so leben, wie sie leben wollen?

Dieselbe Frage wird mir wenige Jahre später auf dem afrikanischen Kontinent wieder begegnen. Ob bei den Pygmäen von Mali, den Himba in Namibia, den San in Botswana oder den Massai in Kenia – sie alle haben gemeinsam, dass sie Sesshaftigkeit und Besitz nichts abgewinnen können, als Jäger und Sammler leben und das annehmen, was Mutter Natur ihnen schenkt. Sie sind vielleicht die Letzten mit unschätzbarem Wissen über die Heilkraft von Pflanzen, haben die Fähigkeit, bei widrigsten Umständen zu überleben und führen ein Leben im Einklang mit dem, was sie umgibt, statt die Natur als reine Ressource zu sehen. Diese

Völker haben über den Kontakt zur Natur ein anderes Selbstverständnis, stehen mit allem, was sie umgibt, in Verbindung. Dabei bedienen sie sich Mechanismen, zu denen der Rest der Bevölkerung keinen Zugang mehr hat, was aber nicht bedeutet, dass das alles nicht mehr existiert. Dies als esoterischen Quatsch oder Hokuspokus abzustempeln, ist eher ein Beweis dafür, wie weit wir uns von unseren Wurzeln entfernt haben.

Dass unsere Lebensweise diese Völker ihre Identität kostet, wurde mir während eines Ausflugs in die Kalahari bewusst.

Die San bevölkerten den afrikanischen Kontinent bereits vor mehr als dreißigtausend Jahren – doch ihre Realität heute sieht anders aus: Verlust ihrer Lebensräume, bittere Armut und Alkoholismus. Das Land, das sie einst durchstreiften, ist heute als Privatbesitz aufgeteilt oder zu Naturparks konvertiert, die Jagd ist ihnen verboten und wird mit Gefängnis bestraft. Die losen sozialen Strukturen, in denen Entscheidungen als Gruppenkonsens gefällt wurden, tragen nicht dazu bei, ihre Interessen politisch lautstark zu vertreten. So haben nur wenige San überlebt, und von diesen pflegen den traditionellen Lebensstil nur noch einzelne Gruppen. In Namibia findet sich die größte Ansiedlung im Osten, dem Bushmanland. In Grashoek haben San vom Stamm der Ju/Hoansi aus der Not eine Tugend gemacht und ihren Ort in ein Living Museum verwandelt. Hier zeigen die Alten, die noch über traditionelles Wissen und uralte Fertigkeiten verfügen, dem interessierten Besucher, wie sie einst lebten. Die Jungen, denen viel an Erfahrung fehlt, die aber zur Schule gehen und Englisch können, engagieren sich als Touristenführer und Übersetzer. In der Hoffnung, dass es nicht nur reine Show ist, entscheiden wir uns, mehrere Tage mit ihnen im Busch zu verbringen.

Die San vom Stamm der Ju/Hoansi bringen mir das Bogenschießen bei (Namibia)

Im Dorf schaue ich zunächst den Frauen dabei zu, wie sie traditionellen Schmuck herstellen. Ich beschließe umgehend, bei Naturschmuck nie mehr um den Preis zu feilschen. Die Arbeit ist ein zeitaufwendiges, mühsames Geduldsspiel. Die weißen Perlen sind zum Beispiel aus Straußeneischale gefertigt, die in mehreren Schritten behauen und mit einem Loch in der Mitte versehen werden. Zudem finden im Busch gesammelte Nüsse und Samen Verwendung. In komplizierten Mustern werden die Einzelteile auf einen Faden oder Draht gefädelt –

es vergehen Stunden, bis eine Halskette oder ein Armreifen fertig ist.

Vor jeder Hütte sitzen Frauen, die dieser Tätigkeit nachgehen. In alten Zeiten fertigte jede ihren eigenen Schmuck, vielleicht auch etwas als Geschenk für Verwandte – heute muss der Verkauf an Touristen die Versorgung der ganzen Familie sichern.

Stefan ist währenddessen fasziniert davon, dass sich in unter zwei Stunden und nur mithilfe von Naturmaterialien Jagdbogen und Pfeile herstellen lassen. Selbst der Klebstoff ist aus Pflanzenextrakt. Der neue Bogen wird sofort getestet und Stefans Pfeil verschwindet auf Nimmerwiedersehen im Busch.

Am Nachmittag ist unser Expeditionstrupp komplett: ein alter San-Jäger, zwei Sammlerinnen – eine alte Frau und eine junge Frau mit Baby – sowie ein Übersetzer im Jugendalter (ich würde sie hier gern mit Namen vorstellen, aber die Sprache der San enthält ungewöhnliche Klicklaute, die für unsere Ohren kaum verständlich sind). Sie alle tragen traditionelle Kleidung – die Männer Lendenschurz, die Frauen Lederrock. Auf der Schulter getragene kompakte Lederbündel enthalten alles Notwendige für das Leben im Busch. Stefan und ich kommen uns mit unseren Hightech-Schuhen und dem bis oben hin bepackten Rucksack inklusive zehn Liter Wasser geradezu lächerlich vor. Was folgt, ist ein Lehrstück zum Überleben im Busch. In gemächlichem Tempo durchstreifen wir die Landschaft fernab der Pfade. Der Jäger und die Sammlerinnen beobachten das Land um uns herum aufmerksam, bleiben immer wieder stehen, um uns die Vorzüge und Besonderheiten der Vegetation zu zeigen. „Dieser Baum ist ein guter Wasserspeicher. Mit der Axt ein Loch in den Stamm geschlagen, kann das köstliche Nass mithilfe eines natürlichen Strohhalms genossen werden." Dabei geht ein San nicht selbstsüchtig vor, sondern ruft die Verwandten, die in anderer Richtung unterwegs sind, zu sich. Wasser ist zu kostbar, um es allein zu trinken.

An einem Busch machen wir halt, um die Wurzel freizulegen und anzuschneiden. Es riecht nach Kampfer, und ich werde an Tigerbalsam erinnert, das wir gegen Muskelschmerzen einsetzen. Ich bin daher auch nicht überrascht, als der Jäger erklärt, die Wurzel sei gekocht gut gegen Gelenkbeschwerden. Die Blätter der einen Pflanze helfen gut gegen Magenbeschwerden, die Wurzel einer anderen wird bei der Behandlung von Malaria eingesetzt. Der Alte erklärt uns, dass das Wissen früher von Generation zu Generation durch die Heiler weitergegeben wurde, und die Ahnen spielen ebenfalls eine große Rolle – sie können zu Krankheiten und deren Heilmitteln befragt werden. Dies geschieht meist in der Gruppe in Form von Gesängen. Erstaunlich viele der hier vorkommenden Pflanzen sollen gegen Krebs wirksam sein. In Namibia hält sich das Gerücht, es gäbe keinen San, der je an Krebs gelitten hätte.

Glauben kann ich das zwar nicht, aber ich denke, dass wir ihr Wissen um die Heilkraft der Pflanzen definitiv besser nutzen könnten. Das Schlimme ist, es wird mit der aktuellen, der letzten Generation der Heiler aussterben.

Eine winzige Pflanze mit nur zwei Blättern, die ich wahrscheinlich achtlos zertreten hätte, erhält vom Jäger höchste Aufmerksamkeit. Er gräbt fast einen halben Meter tief, um die Knolle freizulegen – sie ist so groß wie eine Honigmelone und ihr Fruchtfleisch wird schichtenweise mit dem Messer abgelöst, mit vier Fingern zerdrückt und dann über den Daumen in den Mund getröpfelt. Ich mache mir eine innere Notiz, dass ich diese Technik beim nächsten Orangenessen ausprobieren werde. Zur Nachahmung kann ich es jedoch nur im Notfall empfehlen, denn der Saft schmeckt nach Schmierseife, und so kann er auch zusätzlich verwendet werden. Die San waschen sich mit der Paste die Hände.

*Wasser bedeutet Leben, in der Wüste erst recht
(Namibia)*

Auf dem Weg machen wir immer wieder an Sträuchern halt, um getrocknete Beeren einzusammeln – sie werden zu Perlen verarbeitet. Ein Baum hat Nüsse abgeworfen, und wir sammeln sie ein, um sie später über dem Feuer zu rösten.

Schließlich wird es Zeit, das Nachtlager aufzuschlagen. Der Jäger sondiert das Gelände und entscheidet sich für eine freie Stelle im niedrigen Buschwerk. Zunächst entzünden wir auf traditionelle Weise mit dem Holzstab ein Feuer. Dieses dient eher als Ofen denn als Schutz vor Wildtieren. Bei den Stämmen um Tsumkwe, zweihundert Kilometer weiter östlich, leben noch Löwen, doch nicht hier. Das beruhigt mich sehr, denn wir haben kein Zelt dabei. Wir tun es den San gleich, befreien den Sandboden von Blättern, Gräsern und Strauchresten und breiten dann unsere Schlafsäcke und Decken darauf aus. Die San graben sich Kuhlen in Liegestuhlform und wickeln sich in eine Decke ein.

Wir sitzen noch eine ganze Weile im flackernden Schein des Lagerfeuers zusammen und reden über das traditionelle Leben der Jäger. Die Passion des alten Mannes ist regelrecht spürbar, seine Augen funkeln und es tut mir in der Seele weh, dass er zu einem Dasein als Schauspieler verdammt ist. Die Alte röstet derweil die gesammelten Nüsse und verteilt sie unter uns. Sie haben Ähnlichkeit mit Erdnüssen und wir machen uns freudig darüber her. Unter dem glitzernden Sternenhimmel und begleitet von den leisen Klicklauten der nächtlichen Unterhaltung der San schlafen wir schon bald ein.

In der Nacht steht die junge Frau mehrfach auf und entfacht das Feuer neu. Es ist offensichtlich, dass es für sie und ihr Baby deutlich zu kalt ist. Ich hingegen kämpfe mehr mit der Härte des Untergrunds – meine Hüfte weigert sich, noch mehr Gegendruck auszuhalten.

Noch bevor die Sonne über den Horizont lugt, sitzen wir schon wieder um das Feuer und essen Nüsse und die von Stefan und mir mitgebrachten Kekse. Uns wird erzählt, dies sei eigentlich die beste Zeit zum Jagen. Die Tiere sind aktiv und es ist noch nicht zu heiß für einen schnellen Spurt. Wenn der Jäger seine Beute mit dem giftigen Pfeil getroffen hat, verfolgt er das Tier oft tagelang, bis es stirbt. Auf dieser Reise entsteht zwischen Wild und Jäger ein ewiges Band. Die San verehren die Tiere, deren Tod sie am Leben erhält. Doch heute ist ihnen das Jagen unter Strafandrohung verboten, daher begnügen wir uns mit dem, was der Busch Vegetarisches zu bieten hat – und das ist eine ganze Menge. Einer Frucht, die aussieht wie Grapefruit, aber eine sehr harte Schale besitzt, sind die San besonders hinterher. Das Fruchtfleisch ist saftig und köstlich süß. Zu viel dürfen wir aber nicht davon kosten, mahnt der alte San-Jäger, sonst würden wir Magenschmerzen bekommen.

Wir setzen unsere Wanderung fort, wobei wir ständig auf irgendeiner schmackhaften Wurzel oder Knolle herumkauen. Die San nutzen den Ausflug vor allem, um Rohmaterial zu sammeln. Die Frauen sind an Hölzern interessiert, die roten Naturfarbstoff enthalten, der Jäger hält Ausschau nach brauchbaren Zweigen für neue Bögen. Astgabeln werden abgetrennt, weil sie eine gute Ausgangsform zur Herstellung von Pfeifen haben.

Als die Sonne bereits unbarmherzig vom Himmel brennt, kehren wir ins Dorf zurück. Die San mischen sich unter ihresgleichen und wir fahren um viele Erfahrungen reicher der nächsten Dusche entgegen. Wir sind dankbar für die Begegnung, denn die San haben mit uns geteilt, was war und was ist. Ihre Zukunft ist ungewiss, und ich frage mich, ob wir in unserem Streben nach vermeintlichen Lebensverbesserungen für sensiblere Teile der Erdbevölkerung nicht irgendwo falsch abgebogen sind.

 # Naturvolk – Essenzen

Zugegeben, ein schwieriges Kapitel. Naturvölker sind in ihrem Überleben bedroht, so viel ist sicher. Ob dies tatsächlich bewusst betrieben oder als Kollateralschaden von Kolonialisierung und Industrialisierung in Kauf genommen wird, ist dabei fast nebensächlich. Die Situation ist für die Regierungen sicher nicht einfach, aber diese Menschen ihrem trüben Schicksal zu überlassen, nur weil sie anders leben wollen als die Mehrheit, kann nicht richtig sein. Leider setzen sich zu wenige dafür ein, dass diese Menschen ihre Würde behalten können.

Jedes Mal, wenn ich von einer Reise zu Naturvölkern zurückkomme, frage ich mich, warum wir ihre Weisheit nicht stärker nutzen. Das, was heute als Naturmedizin wieder angesagt ist, haben Naturvölker schon immer für sich genutzt. Ihre Kenntnisse mit den Entwicklungsmethoden moderner Medikamente zu kombinieren, würde uns vielleicht an den Stellen weiterbringen, wo guter Rat in der Medizin bis heute teuer ist. Ganz abgesehen davon, dass eine ganze Reihe von Zivilisationskrankheiten vermeidbar wäre, würden wir auf ganz natürliche Art und Weise gesund leben, weil wir spüren könnten, was uns guttut und was nicht. Die Sensibilität der Naturvölker ist uns verloren gegangen – auf die innere Stimme hören wir viel zu selten. Ich wette, einige der Menschen, die ich dort kennenlernen durfte, wären deutlich bessere Live-Coaches als die viel gepriesenen westlichen Bühnenhelden.

Es liegt vor allem in unserer Verantwortung, dafür zu sorgen, dass diese Menschen nicht zur Untätigkeit verdammt sind, denn das erzeugt Suchtverhalten, stürzt die Menschen in Armut und führt nicht zuletzt zu psychischen Erkrankungen. Ich werde immer wieder gefragt, ob ich diese Entwicklung mit meiner Art, zu reisen, nicht sogar vorantreibe. Wer sich in abgelegene Gegenden vorwagt und dabei Menschen in die Öffentlichkeit zerrt, die lieber unbehelligt blieben, beschleunigt die Verhältnisse. Dieser Vorwurf enthält sicher einen wahren Kern. Es muss nicht alles getan werden, was möglich ist, nicht jedes Ziel angesteuert werden, das man sich zutraut. Wo die Grenze zu ziehen ist, muss jeder für sich selbst entscheiden. Der sanfte Tourismus, den viele Jäger-und-Sammler-Kulturen inzwischen anbieten, ist für sie eine gute Chance, sich Teile ihrer Identität zu bewahren und darüber hinaus Geld zu verdienen, das zum Wohl der Gemeinschaft eingesetzt werden kann. Meine Praxistipps sind daher:

Informiere dich im Voraus, welche Projekte zu sanftem Tourismus in deinem Reiseland von Naturvölkern angeboten werden. Damit unterstützt du nicht nur Menschen, die wirtschaftlich davon abhängig sind, sondern lernst auch noch eine ganze Menge für dich selbst.

Wenn du zu einem Trip mit indigenen Kulturen aufbrichst, engagiere lokale Führer, damit die Einnahmen der Gruppe zugutekommen.

Bringe Gastgeschenke mit, vor allem Waren, die für die Menschen vor Ort schwer zu bekommen sind. Grundnahrungsmittel wie Tee, Mehl oder Zucker eignen sich dafür sehr gut.

Reise leicht, denn Touren durch den Regenwald oder die Wüste sind körperlich anstrengend. Jedes Gramm weniger erhöht den Spaßfaktor.

Tradition trifft Moderne

Indonesien ist in vielerlei Hinsicht einzigartig. Am meisten sticht wohl hervor, dass es aus dreizehntausend einzelnen Inseln besteht. Was für eine Herausforderung, dieses derart verstreute und von vielen verschiedenen Volksstämmen bewohnte Land zu regieren ... Eigens um die Bürokratie zu erleichtern, wurde die Kunstsprache Bahasa Indonesia erfunden. Sie ist von simpler Logik und für unsere westlichen Zungen gut auszusprechen, was in Asien eher die Ausnahme als die Regel ist. Es bedarf schon sehr viel Übung, um die sonst übliche monotonale Sprache hinzubekommen.

Wir stellen rasch fest, dass wir uns in Indonesien allein mit unseren Bemühungen, einfache Floskeln zu lernen, in die Herzen der Menschen schleichen. Die Unterhaltung, die stets von den Indonesiern eröffnet wird, geht so:

„Guten Tag! Wie geht es dir?"

„Es geht mir sehr gut. Wie geht es dir?"

„Es geht mir gut. Wohin gehst du?"

„Ich gehe ziellos spazieren."

Die entsprechende Übersetzung für den ziellosen Spaziergang, „jalan, jalan", fällt mir auch heute noch immer wieder ein, wenn ich im Wald mit meinem Hund unterwegs bin.

Wir sind gerade in der Inselwelt Indonesiens angekommen und haben uns ein paar Tage auf Bali akklimatisiert, da ist Stefan der Überzeugung, dass jetzt erst einmal ein Fahrzeug hermuss, mit dem wir uns über die Insel bewegen können. Neunzig Prozent der Balinesen fahren Motorrad. Sie transportieren damit alles – vom Huhn über Brennholz bis zur fünfköpfigen Familie. Wir sprechen also bei einem Verleih vor, der zwar einen internationalen Führerschein verlangt, aber nicht darauf achtet, dass wir nur eine Lizenz zum Autofahren haben. Dementsprechend vorsichtig tasten wir uns an die Sache heran. Für mich heißt das: abwartend in einer Nische sitzen, während Stefan ein paar Proberunden dreht.

Stefan lernt Motorradfahren (Bali, Indonesien)

Als er in meinem Sichtfeld auftaucht, hält er sich zwar noch immer am Lenker fest, läuft aber bereits hinter dem Gefährt her, das nur noch mit dem Hinterrad die Erde berührt. Der Australier, der gerade mit mir ins Gespräch gekommen ist, konstatiert trocken: „Ist das dein Freund? Er sollte kein Motorrad fahren."

Kaum zu glauben, dass sie ihm das Gerät trotzdem anvertrauen. Äußerst skeptisch laufe ich ein paar Kilometer hinter Stefan her, der seine ersten Fahrstunden in Eigenregie glücklicherweise unbeschadet übersteht.

Wir sind unterwegs zu einer Bestattungszeremonie. Tapfer nehme ich meinen Platz als Sozia ein, aber Stefan macht seine Sache eigentlich ganz gut … zumindest bis es steil bergauf geht. Beim Gangwechsel bäumt sich die Maschine auf und ich segle in hohem Bogen in einen Busch. Die Indonesier haben ihren Spaß. Vielleicht liegt es daran, dass wir nicht besonders schnell unterwegs waren, vielleicht aber auch einmal mehr an meinem Schutzengel, der inzwischen gelernt hat, dass während meiner Reisen erhöhte Alarmbereitschaft zu seinem Berufsprofil gehört. Jedenfalls kommen wir mit dem Schrecken davon. Zeit zu jammern bleibt ohnehin keine, denn die Feierlichkeiten auf dem großen Dorfplatz sind schon in vollem Gange. Dort werden heute gleich fünfzig Gemeindemitglieder verabschiedet – die Bewohner haben wochenlang Vorbereitungen getroffen. Solche Sammelbeerdigungen werden veranstaltet, weil die Zeremonie für eine Familie allein zu teuer und zu aufwändig wäre, wobei der Begriff Beerdigung für das, was hier passiert, ohnehin falsch ist, denn auf Bali werden die Verstorbenen nicht in die Erde eingelassen, sondern in einer sehr bunten und fröhlichen Zeremonie rituell verbrannt. Zu diesem Zweck werden riesige Holzfiguren gezimmert, die große Ähnlichkeit mit Drachen oder Pferden haben. Diese werden reich mit bunten Papierkügelchen verziert, und die Toten werden im Inneren des Holzkorpus aufgebahrt.

Die Feier erinnert mich an ein Dorffest. Die Angehörigen schnattern munter mit Nachbarn, das Orchester spielt Gamelan – traditionelle balinesische und javanische Musik – und die Kinder laufen wild durcheinander. Das alles scheint einem Plan zu folgen, den wir nicht verstehen. Ich frage mich, ob die Stimmung deshalb so ausgelassen ist, weil der Tod des Familienangehörigen bereits eine Weile zurückliegt, oder ob es daran liegt, dass die Menschen den Tod hier als Übergang zu etwas Neuem begreifen.

Irgendwann werden die bunten Tiergestalten angezündet. Das sieht zunächst imposant aus, dann dramatisch, und irgendwann müssen wir uns entfernen, weil die Luft so rauchgeschwängert ist, dass wir kaum noch atmen können.

Beerdigungszeremonie auf Bali (Indonesien)

Dass es sehr wohl einen Unterschied macht, auf welcher der indonesischen Inseln wir unterwegs sind, stellen wir wenig später auf Sulawesi fest. Hier werden wir Zeugen einer Bestattungszeremonie der ganz anderen Art. Eine alte Frau, die offenbar hoch angesehen und sehr wohlhabend war, soll verabschiedet werden. Zu ihren Ehren ist außerhalb des Wohnviertels eine Art vorübergehende Siedlung errichtet worden. Holzhütten auf Stelzen stehen im Viereck um einen großen freien Platz, wo seit Tagen gebacken und gekocht wird. Hier gehört es zum guten Ton, zur Bestattung Wasserbüffel zu opfern. Je höher die soziale Stellung des Verstorbenen, umso mehr Tiere werden dargebracht. Die Opferung findet auf dem freien Platz vor den Augen des Publikums statt. Die Wasserbüffel werden mit einem gezielten Machetenhieb auf die Halsschlagader getötet. Zur Krönung werden auch noch weiße Wasserbüffel geopfert. Ihr Seltenheitswert steigert die Bedeutung des Verstorbenen unermesslich. Irgendwann ist der Platz voller Blut und Kadavern.

Stefan, der auf dieses Szenario nicht vorbereitet ist, drückt nur noch auf den Auslöser seiner Kamera, ohne hinzusehen, denn er kann den Anblick von Blut nicht ertragen. Mich fasziniert, wie selbstverständlich die Kinder mit dem Tod umgehen. Die Konfrontation mit dem Akt der Opferung wird von ihren Eltern offenbar nicht als traumatisierend eingeordnet, und wie zum Beweis, dass es ihnen wirklich nichts ausmacht, klettern die Kleinsten auf den toten Büffelkörpern umher.

Den Hörnern der Tiere kommt eine besondere Bedeutung zu. Nach Ende der Zeremonie werden diese in Reih und Glied am Haus der Familie befestigt, als Beleg, dass hier jemand von Rang zum Ursprung zurückgekehrt ist.

Im Land der Toraja auf Sulawesi haben sie sich ebenfalls etwas Besonderes ausgedacht. Hier werden die Toten in Felsnischen an Steilhängen beigesetzt. Zur Illustration, wer hier gestorben ist, sind auf einer Art Balkonsims vor den Beerdigungshöhlen Holzfiguren aufgestellt, die bestimmte Kleidung tragen. Sie sollen Ähnlichkeit mit der Person haben, die dort beigesetzt ist.

Ein Unterschied zu Europa ist bei all diesen traditionellen Zeremonien auffällig: Egal welche Insel und welcher Volksstamm, der Tod wird als Teil des Lebens betrachtet und als solcher weder bedauert noch verdrängt. Das ermöglicht Jungen wie Alten ein Stück Normalität im Umgang mit diesem Thema, die etwas Beruhigendes an sich hat. Dem Ende der Existenz wird dadurch ein Teil seines Schreckens genommen, und ich denke mittlerweile, dass es auch uns ganz guttun würde, den Schleier des Tabus, der in unserem Kulturkreis über dem Tod liegt, zumindest ein wenig zu lüften.

Aber wir sind nicht nur auf Bestattungen zugegen. Menschen, die uns völlig fremd sind, laden uns wie selbstverständlich zu einschneidenden Lebensereignissen ein. Das passiert uns immer wieder, und so werden wir von einem jungen Mann angesprochen, ob wir Lust haben, eine sulawesische Hochzeit zu erleben. Wir nehmen die Einladung dankend an.

Davon ausgehend, dass Gastgeschenke auch hier gern gesehen sind, befragen wir unseren Freund, was wohl ein adäquates Hochzeitsgeschenk wäre. Sein Vorschlag: ein Fotoalbum für die Hochzeitsfotos. Super Idee, finden wir. Zusammen lassen wir uns im Fotoladen verschiedene Exemplare zeigen. Ich tendiere zur edlen Variante mit dunklem Bezug und Goldrand, aber die Einheimischen schütteln entsetzt den Kopf. Hier ist man einhellig der Meinung, es muss die rosafarbene Variante sein – die mit dem aufgenähten Herzen aus weißer Spitze, in dessen Mitte zwei Turteltauben aus Plastik wohnen. Wir beugen uns der Mehrheitsentscheidung.

Indonesier haben einen ausgewiesenen Sinn für Kitsch, das zeigt sich besonders in der Musik. Während einer nächtlichen Überlandfahrt mit dem Bus läuft die ganze Zeit Karaoke. Das Mikrofon – dem sehr viel Hall unterlegt ist – wird von Reihe zu Reihe weitergereicht. Die Lieder klingen in meinen Ohren alle gleich: nach einer Mischung aus Enrique Iglesias und Helene Fischer. Als das Mikro bei uns ankommt, zuckt Stefan mit den Schultern; er kann nicht singen. Ich starre gebannt auf den Bildschirm und bin fast erleichtert, als für mich die Scorpions ausgewählt werden: „Wind of Change".

Für die Hochzeitsfeierlichkeiten wurde ein großes Zelt aufgebaut. Es scheint den Indonesiern Freude zu bereiten, bei Lebenshöhepunkten spezielle Bauwerke zu errichten. Als wir eintreten, bietet sich uns folgender Anblick: Rechts und links eines zentralen Gangs sind Stuhlreihen aufgebaut, in denen die Gäste sitzen; penibel nach Geschlechtern getrennt. Die Frauen rechts, die Männer links. Im vorderen Teil ist eine Art Bilderrahmen installiert, in dem das Brautpaar Platz genommen hat … Ich möchte fast sagen, ausgestellt wird, denn die Szene hat etwas sehr Statisches. Daneben befindet sich eine Bühne und vor den beiden Stuhlreihen ein reichhaltiges Büfett. Ich verabschiede mich von Stefan und setze mich auf den Platz, der mir zugewiesen wird. Dabei komme ich mir vor wie das hässliche Entlein, denn eine Zeremonie habe ich vor Abreise bei der Kleiderwahl nicht berücksichtigt. Ich kann nur ein Tuch bieten, das ich – wie ich es hier gelernt habe – so um meine Hüfte schlinge, dass es auch ohne Knoten fest sitzt. Nach fünf Wochen Urlaub ist mein Exemplar schon etwas abgenutzt, und die Trekkingbluse will auch nicht so recht dazu passen. Während ich noch darüber nachdenke, werden wir aufgefordert, dem Brautpaar unser Geschenk zu übergeben. Wir reihen uns in eine Schlange Wartender ein, das Brautpaar sitzt den Gästen zugewandt auf zwei Stühlen. Rechts und links davon jeweils ein Kind. Alle sehen umwerfend schön aus, und die Braut trägt so viel Schmuck, dass sie ihre Arme immer wieder in den Schoß fallen lässt, um sie auszuruhen. Das auffälligste Accessoire ist jedoch ihr Fächer, den sie sich immer wieder vors Gesicht hält. Ich wundere mich schon die ganze Zeit darüber, dass sie sehr traurig aussieht, und frage unseren Begleiter, ob sie zwangsverheiratet wurde. Er klärt mich auf, dass das heute nur noch selten vorkommt. Früher sei das die Regel gewesen, weshalb die Braut meist tatsächlich mit Trauer in ihre ungewisse Zukunft sah.

Heute will es die Tradition, dass die Braut ihre Freude bei der Hochzeitsfeier nicht zeigt, deshalb verbirgt sie ihr Lächeln hinter dem Fächer. Die beiden Kinder sind natürlich nicht ihre eigenen, sondern die von Verwandten, und stehen symbolisch für den Kindersegen, den sich die Familie für sie erhofft.

Wie sehr bei diesen Zeremonien Vergangenheit und Moderne aufeinanderprallen, erweist sich kurz darauf, als die Band, die in der Zwischenzeit aufgebaut hat, zu spielen beginnt. Das hat Feuer und klingt so gar nicht nach Indonesien! Wir stehen gerade an, um uns am Büfett zu versorgen, wobei auch das streng getrennt nach Geschlechtern abläuft. Weil ich die Systematik erst nicht durchblicke, breche ich diese Regel prompt und stelle mich in derselben Schlange an wie Stefan, doch niemand scheint sich daran zu stören. Wir bedienen uns also gerade an den uns unbekannten Köstlichkeiten, als ein Mann in der ersten Reihe aufsteht, in einen rhetorischen Tobsuchtsanfall ausbricht und mit wehenden Fahnen das Fest verlässt. Unser Begleiter und Freund der Familie zuckt mit den Schultern und erklärt uns, das sei der Priester gewesen. Er sei mit dem Verlauf der Veranstaltung unzufrieden und habe lautstark daran erinnert, dass die Tradition nach etwas anderem als einer Coverband verlange.

Wir ziehen uns nach dem Essen höflich zurück, weil uns nicht klar ist, ob unsere Anwesenheit den Verlauf der Party in irgendeiner Form beeinflusst. Aber wir haben den Eindruck, dass es hier noch sehr lange sehr fröhlich weitergehen wird.

Indonesien-Essenzen

Ich habe die Indonesier als sehr aufgeschlossenes Volk erlebt – gastfreundlich und hilfsbereit. Besonders imponiert hat mir aber, wie friedlich und tolerant Hindus, Buddhisten, Christen, Muslime und Konfuzianisten hier zusammenleben, ohne dass es zu nennenswerten Auseinandersetzungen kommt. In den letzten Jahren ist Indonesien zwar mehrfach in die Schlagzeilen geraten, weil der Bevölkerungsanteil, der eine streng orthodoxe Auslegung des Islam bevorzugt, zunimmt, aber auch aus der Gesellschaft heraus werden viele Versuche unternommen, religiöser Intoleranz entgegenzuwirken.

Ich war überrascht, dass mehr als achtzig Prozent der Landesbevölkerung Muslime sein sollen, denn in meiner Wahrnehmung herrscht die Symbolik des Hinduismus und Buddhismus im Alltag vor. Wir konnten nicht einmal zu einem Tauchgang aufbrechen, ohne vorher noch um die Gnade einer Gottheit bitten zu müssen, damit wir unbeschadet aus dem Wasser zurückkehren.

Offenheit gegenüber dem Unbekannten oder Fremden hat meine Reiseerfahrungen positiv bereichert. Das mag zu Beginn schwerfallen, weil wir Deutschen mit zahlreichen Vorurteilen beladen sind, sodass die Angst manchmal schon zum Reflex geworden ist. Manche von uns sind so geprägt, hinter jedem Angebot eine Falle oder einen Trick zu vermuten, und mancherorts – hauptsächlich, wo viele Touristen unterwegs sind – bestätigt sich dies mitunter auch. Grundsätzlich habe ich aber die Erfahrung gemacht, dass sich die meisten Menschen schlicht austauschen wollen und offen sind, von Reisenden zu erfahren, wofür sie sich besonders interessieren. Die Einheimischen möchten gern wissen, mit welcher Motivation wir ihr Land erkunden.

Begegnen wir uns mit Neugier, statt mit Argwohn, können daraus einmalige Ereignisse oder sogar Freundschaften entstehen, die die Zeit überdauern.

Sitten, Bräuche, Rituale und Lebensereignisse eignen sich als Rahmensituation für einen Austausch besonders gut, weil die Menschen dann in der Regel in einer positiven Grundstimmung sind. Mehr als einmal wurde ich in Privathaushalte eingeladen, wobei der Besuch mit einer Modenschau endete, bei der mein Partner und ich aufgefordert wurden, uns die Hochzeitskleider der Hausherren überzustreifen. Verkleiden ist ein beliebtes Spiel aus Kindertagen, aber es ermöglicht auch, buchstäblich in die Haut des anderen zu schlüpfen. Wir hatten diesbezüglich auf jeden Fall schon sehr viel Spaß und konnten zahlreiche Erinnerungen fürs Fotoalbum sammeln.

Fotos sind übrigens ein ganz eigenes Thema. Die meisten freuen sich sehr, wenn man ihnen das Bild, das man gerade von ihnen gemacht hat, zeigt. Wir waren sogar eine Weile mit einem Drucker unterwegs, um unseren „Models" die Aufnahmen von ihnen als Dankeschön zu übergeben. Wichtig ist meiner Meinung nach nur eine Frage, die jedoch seit dem Einzug von Social Media etwas aus dem Fokus geraten ist: „Darf ich dich fotografieren?" Jeder hat ein Recht am eigenen Bild, erst recht Völker, die der Ansicht sind, dass ihnen diese technischen Geräte ihre Seele rauben. Hemmungslos draufzuhalten, nur weil das, was hier gerade passiert, die Followerzahlen hochtreiben könnte, geht meinem Empfinden nach gar nicht.

Abschließend möchte ich dazu raten, sich gerade den Aspekten, die für uns unglaublich oder rätselhaft sind, mit einer neutralen Einstellung zu nähern. Diese Erlebnisse erweitern nicht nur den eigenen Horizont, sondern liefern auch die Geschichten, an die wir uns noch nach Jahren erinnern. In manchen Fällen werden wir vielleicht sogar zu Zeitzeugen, die etwas kennenlernen, wozu andere keine Gelegenheit mehr bekommen.

Liberté – vereint im Klang der Trommeln

Ich nähere mich dem Anwesen mit einer Schüchternheit, für die ich sonst nicht bekannt bin. Meister ihres Fachs wirken auf mich immer ein bisschen furchteinflößend, und ich bin dort mit dem Künstler Akassa Ibrahim Cissoko verabredet. Ein Händler für westafrikanische Trommeln, der auf demselben Campingplatz lebt wie wir, hat diese Begegnung für mich eingefädelt, weil ich mir in den Kopf gesetzt habe, Trommelunterricht zu nehmen. Akassa ist Profimusiker und entlockt der Djembe – so heißen die Trommeln hier – Rhythmen, die die Herzen seiner Zuhörer höherschlagen lassen. Wir sind in Gambia, der westafrikanischen Perle, die am gleichnamigen Fluss liegt.

Akassa kommt eigentlich aus Guinea-Conakry, lebt aber in Gambia, weil es mit seinen traumhaften Stränden viele Touristen anlockt. So gibt es hier mehr zu verdienen als in seinem Heimatland. Er ist ein stolzer Mann, dem die Melancholie darüber, dass er nicht zu Hause lebt, anzumerken ist – besonders dann, wenn er seiner Kunst nachgeht.

Zögerlich betrete ich den großen Garten. Der freie Platz zwischen den flachen Betonwohnungen wird dominiert von einem großen Mangobaum; ein paar Jungs sitzen in seinem Schatten und trommeln. Akassa bittet mich in sein Wohnzimmer, das gerade genug Platz für eine Matratze, zwei Stühle und etwa fünf Trommeln bietet, die unvollendet übereinandergestapelt an der Wand lehnen.

„Trommeln willst du also? Welche Rhythmen beherrschst du denn?"

Na, der macht mir ja Spaß … Von Beherrschen kann schon mal gar keine Rede sein.

„Ich bin hier, weil ich von dir lernen will." Das klingt zwar selbst für meine Ohren etwas brüsk, aber für peinlich berührte Verschnörkelungen fehlt mir schlicht das französische Vokabular.

„Wie lange spielst du schon?"

„Fünf Jahre."

Er schlägt vor, zusammen eine Stunde zu trommeln, danach will er sich überlegen, ob sich die Mühe, mir etwas beizubringen, lohnen wird. Ich murmle noch entschuldigend etwas von zwei Jahren Pause, da hat er unter dem Mangobaum schon zwei Djemben platziert, den Bassisten und eine Begleitung engagiert sowie ungeduldig ein paar Aufwärmtakte angeschlagen. Ich setze mich daneben und bekomme Schweißausbrüche. Zum Glück beginnt er mit einem Rhythmus, den ich zwar nicht kenne, der mir aber aus unerfindlichen Gründen leichtfällt. Es klappt, Akassa stutzt. Den nächsten Rhythmus erkenne ich wieder! Der Meister lächelt. Offenbar bin ich besser, als er dachte. Die Jungs an den Instrumenten nicken mir aufmunternd zu. Ich

entspanne mich. Aufnahmeprüfung bestanden –
ich darf wiederkommen.

Wir üben eine Woche lang, jeden Morgen und jeden Nachmittag. Anfangs tun mir die Hände so
weh, dass Akassa sie immer wieder mit einer Paste
einreiben muss und ich am Abend Salzbäder
nehme. Aber wir machen weiter, manchmal bis zur
Trance. Wenn es einmal nicht so klappt, ist Akassa
sehr geduldig. Dann wiederholt er stets: „Ça va ve-
nir …“ – Das wird schon. Es ist großartig. Ein äl-
terer Herr sitzt stets an derselben Stelle unter dem
Mangobaum und hört zu. Manchmal singt er mit,
manchmal nickt er mit dem Kopf und immer brüht
er Tee auf. Wenn der honigsüße Aufguss fertig ist,
kann ich nicht widerstehen. Dann ist Pause.

Wir beginnen immer um die gleiche Zeit. Meine
neuen afrikanischen Freunde leben auf dem Grund-
stück und sind daher immer schon da, wenn ich ankomme. Sie nehmen belustigt zur Kenntnis, dass ich
stets pünktlich bin – ein deutsches Gen, das ich nicht
verleugnen kann, obwohl ich schon seit Monaten
keine Uhr mehr trage.

Eines Tages ist Akassa Pate bei einer Kindstaufe.
Zum Ritual gehört, dass er ein Huhn stiftet, das
dann zu Ehren des Täuflings geopfert wird. Ein
junger Mann hat die Aufgabe, es bei der Familie
abzuliefern. Er nimmt das Tier, wie es ist, und
steckt es in eine Plastiktüte. Das Huhn ist sich seines Schicksals wohl bewusst und unternimmt so-
gleich einen Fluchtversuch. Die Tüte ist schnell
aufgerissen und das Huhn flattert aufgeregt durch

den Garten – mitten in unsere „Liberté", den Rhythmus der Sklavenbefreiung. Ich verliere die Fassung genauso wie meine Begleiter. Akassa verdreht die Augen. Die beiden Jungs, die das Huhn wieder einfangen müssen, brauchen eine ganze Weile, wobei wir sie unter Gelächter kräftig anfeuern.

An einem anderen Tag spricht mich Jussufa, der Basstrommler, an und fragt, ob ich schon einen afrikanischen Namen hätte. Ich sage: „O ja, muzungu, white man, la blanche und einige mehr."

Jussufa schüttelt den Kopf. „Nein, das habe ich nicht gemeint. Einen *richtigen* Namen."

Akassa schaltet sich ein und erklärt, dass es ihm als meinem Lehrer zustehe, mir einen afrikanischen Namen zu geben. Sie hätten diskutiert und möchten mir „Mariama" vorschlagen. Ich nehme das Geschenk gerührt an.

Mein Problem ist, dass ich beim Trommeln offenbar mein Gehirn nicht benutze, sondern einfach dem Flow folge. Daher kann ich mir kaum einen Rhythmus länger als einen Nachmittag merken. Als Akassa das begreift, kommt ihm eine Idee. Er besorgt einen Walkman (für die Jüngeren unter euch: wie ein MP3-Player, nur mit Kassetten) und will alle Rhythmen, die wir bisher einstudiert haben, aufnehmen – sozusagen eine Lehrkassette. Wir bauen sein winziges Wohnzimmer zum Tonstudio um, da man draußen vor lauter Wind auf dem Band nichts hört, und dann dreht der Meister richtig auf. Ich merke, welches Showtalent in ihm steckt. Er kokettiert mit dem Mikrofon, macht

Späße und baut das Material didaktisch so geschickt auf, dass ich sicher bin: Diesmal entkommen mir die Rhythmen nicht. Alles ist nach dem ersten Lauf im Kasten … nur blöd, dass das Aufnahmegerät – chinesische Importware – von so schlechter Qualität ist, dass man kaum einen Rhythmus vom anderen unterscheiden kann. Ein Plan B muss her und ist schnell gefunden: Stefan kommt mit seiner Kamera und wir nehmen alles noch einmal auf Video auf, diesmal unter dem Mangobaum. Und so kann ich meinem Freund endlich all die Rhythmen vorspielen, die ich eine Woche lang geübt habe.

Trommelunterricht unter dem Mangobaum (Gambia)

Wie sehr die Gruppe live aufdrehen kann, erleben wir an unserem letzten Abend. Akassa hat uns eingeladen, ihn zu einem Auftritt im Sunbeach Hotel zu begleiten. Auf einer monströsen Bühne gibt die Band alles. Wir sind begeistert von der Aufführung, die nicht nur musikalisch, sondern auch tänzerisch vom Feinsten ist. Die mit traditionellen Aufführungen übersättigten Pauschaltouristen des Sunbeach ignorieren das Konzert leider weitgehend – Akassa und seine Band spielen praktisch vor leeren Rängen. Was authentisch ist und wie viel hart erlernte Kunst gerade gezeigt wird, können die wenigsten hier beurteilen. Zum ersten Mal tut mir der Meister leid, der fernab seiner Heimat, in einem Land, dessen Sprache er nicht einmal spricht, sein Leben als verkannter Künstler bestreitet. Aber er hat seinen Stolz, den ihm auch hier niemand nehmen kann.

 # Trommel-Essenzen

Ein Weg, sich einer fremden Kultur anzunähern, ist die Beschäftigung mit ihrer Kunst. Konzerte, Museen, Bibliotheken und Theater sind nicht nur bei Städtetouren lohnende Ausflugsziele. Künstler erleben ihr Land auf ganz besondere Weise und finden für Vergangenheit, Gegenwart und Zukunft sensible Ausdrucksformen.

Die Beschäftigung mit der Landeskultur vor der Abreise kann die Vorfreude auf ein Reiseland erheblich steigern und zu einem tieferen Verständnis beitragen. Wenn ich ein Hobby habe, das sich im Reiseland ausüben lässt, eröffnet mir dies noch einmal besondere Möglichkeiten, ähnlich einem zweiten Kanal,

um mit den Menschen in Kontakt zu kommen. Der Austausch über das Künstlerische
ermöglicht zudem eine Art der Verständigung, die ohne Worte auskommt – deshalb
liebe ich es, mit Einheimischen zu musizieren,
auch wenn dies manchmal zu kuriosen Situationen führt. In Burkina Faso beispielsweise
habe ich Unterricht in Kora und Balafon
genommen und fand mich – kaum dass ich
eine einzige Begleitung verstanden hatte –
in einem spontan zusammengerufenen
Konzert für die Dorfbewohner wieder. Am
Ende hatte ich ebenso viel Freude auf der
provisorischen Bühne wie die Tänzer davor.
Kunst bringt unsere Herzen zum Fliegen –
auch das ist ein wundervoller Grund, um
unterwegs zu sein.

Spontanes Konzert (Burkina Faso)

Meine Mitbringsel, ob nun Musikaufnahmen oder Instrumente, Kunstgegenstände oder Literatur erinnern mich zu Hause stets an besondere Begegnungen mit Menschen, mit denen ich meine Vorliebe und meine Zeit geteilt habe. Das füllt meine Schale der Erinnerungen, aus der ich lange zehren kann.

Trommeln hat für mich etwas meditatives

Afrika für immer im Blut

Regenzeit in Uganda – das heißt, Wetterwechsel finden schlagartig statt. Haben wir eben noch die strahlende Sonne genossen, erwischt uns kurz darauf der Platzregen. Durch die Wassermassen ist meine Sicht auf wenige Zentimeter vor der Stoßstange zusammengeschrumpft und der Lehmboden unter unseren Geländewagenrädern – angeblich für jede Wetterlage geeignet – verwandelt sich in eine Rutschbahn. Das Dachfenster hat seit dem Überschlag ein Leck, wir dichten es mit allen verfügbaren Handtüchern ab. Zum ersten Mal seit dem Unfall bin ich Steuerfrau. Stefan ist in der letzten Werkstatt einen Schritt zu viel nach hinten gegangen und in die Arbeitsgrube gefallen. Bänderriss. Ich umklammere schon den ganzen Tag das Lenkrad, als könnte es mir entwischen. Unvermittelt erwacht das Gebläse zum Leben. Es hat seit Südafrika nicht mehr funktioniert.

„Wie schön!", platzt es aus mir heraus. „Unser rollendes Zuhause hat Selbstheilungskräfte!"

Unser Ziel ist der Kibale Nationalpark in Uganda. Wir möchten dort unsere nahen Verwandten, die Schimpansen, besuchen. Mit Bromelien bewachsene

Urwaldriesen säumen die Piste, dicke Lianen winden sich bis zum Boden. Hinter einer langgezogenen Kurve steht bereits eine endlose Schlange von Fahrzeugen – ein Baum versperrt die Straße. Junge Männer machen sich barfuß und mit nichts anderem als mit Handsägen daran zu schaffen, und in dreißig Minuten ist der Weg wieder frei. Nachdem für diesen Dienst jeder einen kleinen Geldbetrag gespendet hat, geht es weiter. Gerade noch rechtzeitig vor Einbruch der Dunkelheit erreichen wir den Parkeingang. In der Nacht bewundern wir die Sterne. Hier, wo kein Streulicht stört, scheint der Himmel von funkelnden Juwelen überzuborden. In das harmonische Klicken der Zikaden, als würde jemand leise immer wieder dieselbe Note auf einem Klavier anschlagen, mischt sich hin und wieder der Ruf einer Eule. Die Geräusche der nachtaktiven Tiere beruhigen mich.

Im Kibale Nationalpark leben etwa siebenhundert der insgesamt dreitausend Schimpansen Ugandas. Silver, ein sehr erfahrener Parkranger, begleitet uns heute auf unserer Pirsch. Wir recken die Hälse, denn vormittags halten sich die Tiere bevorzugt in den Baumkronen auf. Wir können ihre Rufe schon aus der Ferne hören. Leider werden wir schnell entdeckt und ein Gruppenmitglied macht die anderen Tiere lautstark auf uns aufmerksam. Silver verlässt die vorgegebenen Waldwege – nun geht es den Affen querfeldein hinterher; zügig, aber möglichst lautlos. Für mich eine schier unlösbare Aufgabe. Ich könnte quieken vor Vergnügen über die Szenen hoch über meinem Kopf. Hier eine Mutter mit Baby, die entspannt in einer Astgabel wippt, dort ein Nest, in dem ein älteres Geschwisterchen umhertollt. Die jungen Tiere üben im Spiel, wie sie die Äste biegen müssen, damit ein stabiles Bett daraus wird. Je länger wir hinschauen, umso mehr Schimpansen sehen wir. Sie bewegen sich langsam und verstecken sich zwischen den Blättern. Manchmal können wir durchs Fernglas Haarbüschel, Ohren oder ein fast schwarzes Auge erkennen, das uns aufmerksam beobachtet. Silver erzählt: „Mütter schlafen mit ihren Babys in einem Nest. Im Alter von zwei Jahren beziehen die Jungtiere ihr eigenes Bett. Dieses wird jede Nacht an einem anderen Platz errichtet."

Die größte Gefahr für die Tiere geht – wie so häufig – vom Menschen aus. Immer wieder sind Wilderer unterwegs, um Menschenaffen einzufangen, denn Schimpansenfleisch gilt als Delikatesse. Ein großes Risiko geht aber auch von den illegalen Jägern aus, die gar nicht an den Schimpansen selbst interessiert sind. Sie setzen zur Jagd auf Antilopen Fangschlingen ein, und schätzungsweise ein Viertel aller im Kibale Nationalpark lebenden Schimpansen verfängt sich einmal im Leben in einer solchen Schlinge. Dies kann schwere Verletzungen nach sich ziehen – manche verlieren dabei ihre Hand.

Wir hören ein Trommeln. Silver nennt es das Schimpansentelefon: Bäume, deren Stamm zum Ende hin breite, hohle Ausläufer bilden. Auf ihnen trommeln Affen, die ihre Gruppe verloren haben. Die anderen Tiere antworten dann mit lautstarken Rufen, und kurz darauf eilt ein Schimpanse den Waldpfad entlang an uns vorüber, auf die vorderen Glieder seiner Finger gestützt.

Am Abend dieses ereignisreichen Tages sitzen wir in einer Ecke der zur Campinganlage gehörenden Festhalle und sehen uns das Video „Gorillas im Nebel" an. Darin wird die Geschichte der Primatenforscherin Dian Fossey erzählt, die im Ringen um das Überleben der Berggorillas den Kampf gegen Wilderer aufnimmt. Generationen von Reisenden müssen sich diese Videokassette schon angeschaut haben, denn die Bildqualität hat deutlich gelitten. Trotzdem sind wir fasziniert. Dass es mich davon derart fröstelt, finde ich jedoch merkwürdig, und in der Nacht wird mir schließlich so kalt, dass ich alles anziehe, was ich an warmen Sachen dabeihabe. Mein Magen drückt und ich bekomme rasende Kopfschmerzen. Gegen Morgen weiß ich gar nicht, welches Ende ich zuerst über die Toilette halten soll.

Malaria im Blut tut gar nicht gut (Uganda)

Ich habe definitiv Fieber und bitte Stefan, einen Arzt zu rufen. Er macht mir erst einmal Wadenwickel. Nun muss man dazu sagen, dass ich dazu neige, meine Wehwehchen für etwas sehr viel Schlimmeres zu halten, als sie sind – diesmal allerdings ist es anders. Nach wenigen Stunden fühle ich mich kraftlos, bin fast schon apathisch.

Wir folgen schließlich der Empfehlung von Einheimischen und fahren zur Krankenstation des Sankt Josef Ordens in Fort Portal. Zwischen den einstöckigen Steinbauten befinden sich Wiesen. Hier liegen einige Patienten auf Matratzen an der frischen Luft. Im Westen erheben sich majestätisch die Ruwenzoriberge; die Grenze zum nahen Kongo. Stefan füllt an der Rezeption eine Aufnahmekarte für mich aus. Sie kostet umgerechnet fünfundzwanzig Cent. Für Afrikaner, die sich diese Aufnahmegebühr nicht leisten können, ist der Weg gen medizinischer Hilfe hier bereits zu Ende, zumindest wenn sich kein Gönner findet.

Ich werde zur Eingangsuntersuchung gebeten. Das ist wörtlich zu verstehen, denn diese findet im Freien unweit des Hospitaleingangs statt. Zuerst wird der Puls gemessen und für zu niedrig befunden, dann wird das Fieber gemessen und für zu hoch befunden. Als ich auch noch meinen Durchfall erwähne, ruft die Schwester sofort nach einem Arzt. Doch bevor dieser auch nur einen Blick auf die einzige weiße Frau im ganzen Krankenhaus wirft, muss diese noch gewogen werden, Vorschrift! Die mechanische Waage, auf der ich gleich darauf stehe, hätte in Deutschland Museumswert. Eine Ordensschwester bewegt das Gewicht mit unermesslicher, gottgegebener Geduld so lange hin und her, bis der Balken frei schwebt. Ich weiß jetzt, dass ich vollständig eingekleidet, einschließlich der Wanderschuhe,

67,4 Kilogramm wiege. Genauer ließ sich die Waage (Gott sei Dank!) nicht einstellen.

Der Arzt kommt zur Diagnose, die ich zu diesem Zeitpunkt bereits erwarte: Malaria. Sofort werden allerhand Hilfsmittel herbeigeschafft. Stefan holt unseren Erste-Hilfe-Koffer aus dem Land Rover. Dieser wurde vor Anbruch der Reise von unseren Medizinerfreunden üppig bestückt, und der Arzt vor Ort ist hin und weg über unsere Ausstattung: Butter-flys, Braunülen mit Mehrwegehahn und sogar ein Werkzeug zum Abbinden.

Mein Schutzengel hat ganz heiße Wangen und flattert aufgeregt mit den Flügeln. Leise flüstert er mir ins Ohr: *Ist das hier wirklich alles steril?*

Die für die Behandlung benötigten Utensilien werden derweil munter kombiniert. Der Doktor bedient sich genauso an unserem Fundus wie aus seinem eigenen Lager, und so bin ich innerhalb von Minuten „verkabelt". In beiden Händen stecken Infusionsnadeln, und die zugehörigen Lösungen hängen jeweils an Ständern zu meiner Rechten und Linken. Mein Wasserhaushalt wird mit Kochsalz-lösung ausgeglichen und gegen die hässlichen Erreger bekomme ich hochdosiert Chinin in Glucose. Ganz klassisch. Mit voller Unterhose – für den Spurt aufs Häuschen hat die Energie letztlich nicht mehr gereicht – lege ich mich auf die Rollbahre.

Draußen ist die Menge der Wartenden zwischen-zeitlich erheblich gewachsen. Einige Kranke sind in sehr schlechtem Zustand. Als ich in mein Zimmer geschoben werde, scheint das Leben um mich herum eine Sekunde stillzustehen. Die Menschen schauen der Weißen mit einer Mischung aus Neugier und

Mitleid nach. Eine Schwester spricht aus, was viele denken: „Es kommen ohnehin so wenige Touristen nach Uganda, und du bist hier auch noch krank geworden. Was denkst du nun bloß über unser Land, und was wirst du zu Hause erzählen?"

Sie kann gar nicht glauben, dass ich von ihrem Land fasziniert bin, trotz Malaria.

Da sich die Hilfe in afrikanischen Krankenhäusern auf die medizinische Versorgung beschränkt, kümmert sich Stefan um alles andere. Von den Verwandten der Patienten wird Hilfestellung erwartet: Wäsche waschen und Essen kochen. Dementsprechend herrscht im Freien reges Treiben. Die Afrikaner tun sich zusammen und besorgen die Wäsche und das Kochen in der Gemeinschaft. In meinem Zimmer gehen Ärzte und Krankenschwestern ein und aus. Sie messen Temperatur und Puls, wechseln Infusionsbeutel und stellen mir viele Fragen. Ich fühle mich schlapp und müde.

„Schwester Stefan" hat es auch nicht leicht. Er schläft vor dem Bettende auf einer Isomatte, wobei sein Schlaf immer wieder gestört wird, wenn ich zur Toilette muss. Dann „reisen" wir in Begleitung meiner Entourage aus Infusionsständern ins Badezimmer. Da mir dabei schwindelig wird, muss er mich stützen, damit ich nicht auf die Fliesen falle. Für mich zerfließen die Tage und verschmelzen mit den Nächten. Ich verliere jegliches Zeitgefühl und kann nicht sagen, wie lange ich in diesem Zustand zwischen Schlaf und Trance unterwegs bin. Ordensbrüder und -schwestern kommen vorbei, um sich nach mir zu erkundigen. Ihre Floskel

wird bald zu meinem Mantra. „You will be fine."
Alles wird gut.

Nach nicht einmal einer Woche bin ich so weit wiederhergestellt, dass ich das Krankenhaus verlassen kann. Wir nehmen uns viel Zeit für die Verabschiedung. Adressen werden ausgetauscht, und über das Geld für die Kaffeekasse sind die Krankenschwestern völlig aus dem Häuschen. Stefan bezahlt unterdessen die Krankenhausrechnung: 35 US-Dollar, inklusive medikamentöser Versorgung für die weitere ambulante Behandlung. Die Ärzte geben ihm ein Tütchen mit allerhand bunten Pillen mit. Ich hoffe, dass er sich gut gemerkt hat, wie er sie mir verabreichen muss.

Stefan kann jetzt wieder selbst Auto fahren – perfektes Timing! Wir sind unterwegs nach Kampala, der Hauptstadt Ugandas. Eine Stadt der Gegensätze. Im Zentrum türmen sich Bankgebäude auf, während die Wohnviertel der Armen in den Randbezirken stetig in die Breite wachsen. In Entebbe, am Ufer des Viktoriasees, ist gerade Partystimmung, denn das Ende des Ramadan wird lautstark gefeiert. Im Café sitzt uns ein britischer Lehrer gegenüber. Es sieht regelrecht ausgezehrt aus und sein Husten klingt schrecklich. „Ich leide seit Längerem an Hepatitis", erzählt er uns. Vor kurzer Zeit sei seine Frau verstorben, er vermisse sie sehr. Und erst gestern, auf dem Weg zur Schule, habe die Lord Resistance Army wieder seinen Wagen beschossen.

Was ihn hier eigentlich noch hält, möchte ich wissen.

„Ich bin seit dreizehn Jahren in diesem Land. Das ist mein Leben."

Wir beschließen, ein paar Tage im Red Chilli Hideaway zu bleiben, damit ich mich erholen kann. Auch wenn das Fieber vorüber ist, ist mir immer noch ziemlich flau im Magen und ich bin sehr müde, kraftlos und abgeschlagen. So kommt es, dass ich in meinem Campingstuhl immer wieder einschlafe, manchmal innerhalb von Sekunden, sodass ich es selbst kaum mitbekomme. Eben noch haben wir zusammen am Campingtisch gesessen und gegessen, plötzlich bin ich allein. Wo ist Stefan? Gerade war er doch noch hier. Warum sagt er nicht Bescheid, wenn er weggeht?

Ich suche den ganzen Campingplatz nach ihm ab und frage jeden, der mir begegnet, ob er ihn gesehen hat, ernte aber nur Kopfschütteln. Es mag seltsam klingen, aber ich beginne mich zu fragen, ob ich in einer Parallelwelt aufgewacht bin.

Wenig später kehrt Stefan fröhlich pfeifend zurück. Er war auf dem Markt einkaufen und kann sich vor Lachen kaum halten, als ich ihn mit meiner Theorie über sein Verschwinden in einem Schwarzen Loch konfrontiere. „Du hast tief und fest geschlafen, als ich ging. Wenn hier jemand in ein Loch gefallen ist, dann du!"

Offenbar wird mein Körper noch eine ganze Weile brauchen, um sich wirklich von der Malaria zu erholen, und auch der Geist braucht Zeit, um wieder im Hier und Jetzt anzukommen. Mir hätte aber wirklich nichts Besseres passieren können, als die intensive Pflege durch die vielen Hände im Krankenhaus des Josef-Ordens.

Eine Südafrikanerin hat einmal zu mir gesagt: „Der afrikanische Kontinent ist wie die Malaria. Er hinterlässt etwas in deinem Blut, sodass du nicht mehr dieselbe bist."

Mein Blut pulsiert nun durch einen Körper, der die Malaria erlebt hat, und mit jedem Abenteuer wird der Herzschlag Afrikas in mir lauter.

 ## Malaria-Essenzen

Ein wichtiges Thema bei jeder Reisevorbereitung ist die Frage nach dem Krankheitsfall. Sowohl die Reisekrankenversicherung als auch die Reiseapotheke brauchen einiges an Vorbereitung.

Was zur Standardausrüstung einer Reiseapotheke gehört, empfiehlt dir jedes Tropeninstitut, dessen Besuch ich dir bei der Planung einer Reise durch ferne Länder dringend ans Herz legen möchte. Die Beratung umfasst auch Impfempfehlungen, und du bekommst Verhaltenstipps. Mach dir darüber hinaus in der Vorbereitung Notizen zu Medikamenten, die du auch zu Hause regelmäßig einnimmst und die unterwegs möglicherweise schwerer zu bekommen sind. Leidest du an irgendwelchen Allergien? Welche Schmerzmittel wirken bei dir?

Wenn du alle Medikamente beisammenhast, fertige davon eine Liste an und lass sie dir von deinem Hausarzt bescheinigen. Aus dem Dokument muss hervorgehen (am besten in mehreren Sprachen; Vorlagen dafür findest du im Internet), dass du all diese Arzneimittel zu deiner persönlichen Verwendung dabeihast. Dieses Dokument kann beim Grenzübergang hilfreich sein, damit du nicht in Konflikt mit den lokalen Gesetzen kommst. Besonders wichtig ist das bei Medikamenten, die gegebenenfalls gegen das jeweilige Betäubungsmittelgesetz verstoßen.

Meine Reiseapotheke war schon immer überdimensioniert. Heute weiß ich, dass es auch im Ausland sehr gut ausgebildete Ärzte gibt und die Versorgung mit Medikamenten selten wirklich ein Problem ist – im Gegenteil. Meiner Erfahrung nach haben Mediziner andernorts mehr Zeit für ihre Patienten als bei uns. Es gibt keinen Grund, in den Panikmodus zu verfallen, wenn du unterwegs wirklich krank werden solltest. Ich kann bestätigen, dass die Menschen vor Ort sehr hilfsbereit und auskunftswillig sind. Sie wissen am besten, welcher Allgemeinmediziner gut ist oder wo du die nächstgelegene Klinik findest.

Wer für mehr als sechs Wochen unterwegs ist, sollte überlegen, eine Reisekrankenversicherung abzuschließen, da längere Zeiträume durch die Krankenversicherung zu Hause nicht abgedeckt sind. Es gibt viele Anbieter, und deren Preise und Angebote variieren stark. Ein Vergleich im Internet ist auf jeden

Fall lohnend. Achte auch auf die Laufzeit! Es gibt Verträge für bis zu einem Jahr oder auch länger, beziehungsweise sind sie von unterwegs aus verlängerbar. Die meisten Versicherungen haben eine eingeschränkte Auswahl der Länder, in denen sie gelten – also aufpassen, dass das Reiseziel nicht ausgeschlossen ist. Fertige darüber hinaus eine Liste an, was dir in speziellen Situationen wichtig ist. Möchtest du zum Beispiel einen Krankentransport nach Hause? Hast du chronische Erkrankungen und brauchst auch unterwegs Zugang zu Therapiemöglichkeiten (Dialyse, Physiotherapie)?

Hilfreich sind im Krankheitsfall Ärztelisten auf den Internetseiten der Deutschen Botschaften im jeweiligen Reiseland. Sie sind nach Fachgebiet sortiert und beschreiben, welche Sprache der Arzt außer seiner Muttersprache spricht. Das erleichtert die Verständigung. Ansonsten hilft aber eine Übersetzungs-App auf dem Smartphone.

Noch ein Wort zur Malaria: Wir haben nicht einmal darüber nachgedacht, der Reisekrankenversicherung die Rechnung zu melden. Für viele Afrikaner entspricht diese Summe jedoch zwei Monatsgehältern und ist damit nahezu unbezahlbar. Trotzdem werden auch sie regelmäßig krank, denn leider schützt die Erkrankung daran nicht vor einer neuerlichen Infektion, und Malaria-Prophylaxe – selbst wenn sie erschwinglich wäre – ist nichts für die Dauereinnahme.

Inzwischen arbeitet eine Reihe von Forschungsteams an einer Impfung. Das wäre wirklich ein Segen, denn die Patientenzahlen gehen allein in Afrika jedes Jahr in die Millionen, und auch heute sterben noch viele Menschen an deren Folgen. Das tritt durch die pandemische Lage, die durch Corona ausgelöst wurde, völlig in den Hintergrund.

Die Auswahl an Medikamenten zur Behandlung der Malaria ist eingeschränkt. Das liegt daran, dass der Erreger Resistenzen entwickelt. In bestimmten Risikogebieten sind daher immer mehr Medikamente einfach nicht mehr wirksam. Durch den verstärkten Gebrauch der verfügbaren Alternativen zur Prophylaxe für Reisende steigt die Wahrscheinlichkeit der Resistenzbildung, und damit schrumpfen gleichzeitig die Möglichkeiten der Afrikaner, für die eine dauerhafte Prophylaxe keine Option ist. Es ist mir ein Anliegen, auf diesen Aspekt hinzuweisen, weil das vielleicht zur Entscheidungsfindung bezüglich pro oder contra Prophylaxe beiträgt. Eine Malaria ist sicher keine Bagatellerkrankung, aber mit Präparaten aus der Familie der Artemisingewächse (rein pflanzlich) stehen inzwischen Alternativen zur Verfügung, mit denen Malaria sehr effektiv und nebenwirkungsarm behandelt werden kann. Der Effekt ist dauerhaft, weil auch die Erreger in der Leber abgetötet werden, sodass nicht unbedingt mit weiteren Fieberschüben zu rechnen ist.

Und schließlich möchte ich noch darauf verweisen, dass man die Malaria in Gebieten, in denen sie häufig auftritt, sehr viel schneller in Betracht ziehen sollte. Wenn du zu Hause nach einer Reise in ein Risikogebiet grippeähnliche Symptome feststellst, dann ab zum Arzt! Erwähne deine Auslandsreise, damit schnell ein Test gemacht wird. Bei starken Symptomen bist du übrigens in einem deutschen Tropeninstitut am besten aufgehoben.

Zum Schluss noch ein Hinweis zum Thema Medikamentenabgabe an die Lokalbevölkerung. Insbesondere in Afrika wurden wir von Einheimischen regelmäßig um Medikamente gebeten, manchmal regelrecht bedrängt. Dass sich in einem Dorf eine Traube um unser Auto bildete, war keine Seltenheit. Der Eine hatte Kopfschmerzen, der Nächste Bauchkrämpfe und der Dritte eine entzündete Wunde. Wir haben solche Bitten konsequent ausgeschlagen, auch weil immer wieder zu hören ist, dass Medikamente unter der Hand weitergegeben werden. Wer eine medizinische Ausbildung hat, mag dies anders sehen, ich jedenfalls wünsche mir einen verantwortungsvollen Umgang mit Substanzen, von denen wir nicht einschätzen können, von wem und wofür sie verwendet werden. Wer seine Medikamente gerne spenden möchte, dem empfehle ich, sie bei Krankenstationen abzugeben.

Grenzgänger

Kaum in Tansania angekommen, beschäftigt uns schon das nächste Reiseland, denn es sieht ganz danach aus, als wäre an der tansanischen Grenze bei der Einreise nach Mosambik kein Visum zu bekommen. So führt uns der erste Gang zur Botschaft Mosambiks in Daressalam. Das sich dort abspielende Prozedere wiederholt sich im Verlauf unserer Reisen mit schöner Regelmäßigkeit. Die Zutaten pro Person: viel Geduld, ein Reisepass, noch mehr Geduld, ein Impfpass, unendlich viel Geduld, zwei Passfotos und etwa fünfzig US-Dollar sowie Landeswährung in kleinen Scheinen. Da der Verkehr in Dar zu den Stoßzeiten eine Katastrophe ist, beschließen wir, von unserem Camp aus einen Minibus zu nehmen.

Am Tor zur Botschaft müssen wir uns erst einmal in ein großes Buch eintragen. Dann werden alle elektronischen Geräte einem freundlichen Beamten überreicht, der sie für uns verwahrt. Im Inneren herrscht Ruhe. Dies wiegt uns in der trügerischen Sicherheit, dass es recht schnell gehen wird, da wir ja offenbar die einzigen Kunden sind. Am Schalter ein Herr und eine Dame. Die Dame ist mit Kaffeetrinken beschäftigt. Sie ist für das weitere Geschehen nicht mehr von Belang.

Der Herr ist uns gegenüber durchaus aufgeschlossen. Wir kommen ins Gespräch und lernen schnell, dass Joachim – seine Namensverwandtschaft mit unserem Ex-Fußballnationaltrainer ist ihm durchaus bekannt – ein Faible für die deutsche Sprache hat. Wir wollen also nach Mosambik. Da packt Jogi doch glatt mal die Karte aus und zeigt uns, wo er geboren ist, wo seine Mutter heute noch lebt und wo sein Vater verstarb. Small Talk ist in Afrika wichtig, und es kann sehr lange dauern, bis die Gesprächspartner zum Kern der Angelegenheit vordringen. Sagte ich schon, dass man viel Geduld braucht? Jogi händigt uns zwei Formulare aus, die wir bitte ausfüllen mögen. Mist, ein wichtiges Utensil in der Zutatenliste fehlt: der Kugelschreiber! Wir können uns glücklicherweise einen borgen und machen uns flugs an unsere Hausaufgaben. Stefan, der schneller ist, lässt mich abschreiben. Dies stellt sich jedoch als Nachteil heraus, denn er hat Fehler gemacht. Unter den gestrengen Augen unseres Botschaftsbeamten werden wir wie Schulkinder immer kleiner, als Zeile um Zeile unserer schönen Formulare zerpflückt, durchgestrichen und kommentiert wird. Derweil hat ein Inder seinen Auftritt. Dieser wird zusammengestaucht, weil sein Bankeinzahlungsbeleg vier Personen auf einmal ausweist. Merke, denn das wird sicher auch für uns noch wichtig.

Jogi heftet unsere Passfotos an das nun wieder leere Antragsformular – jetzt also besser keinen Fehler mehr machen. Die zweite Version ist eine Eins mit Sternchen. Nun tritt eine Kunstpause ein, in der

Jogi aus großen Papierstücken kleine produziert, die mithilfe eines Lineals alle in gleicher Größe abgerissen werden. Worauf das wohl hinausläuft? Er beschriftet eines davon in akkurater Druckschrift mit den Daten einer hiesigen Bank, auf der wir bitte die Visagebühr pro Person in Dollar einzahlen sollen. Mit den Einzahlungsbelegen sollen wir dann bitte wieder zu ihm kommen. Er behält derweil unsere Ausweise und unsere Impfpässe mit dem Stempel der Gelbfieberimpfung. Stefan fragt beiläufig, wie lange das mit der Visumsausstellung denn dauern wird – wir haben Informationen, dass es ein beschleunigtes Verfahren gibt, das statt drei Tagen nur vierundzwanzig Stunden dauert. Jogi guckt etwas gequält und konstatiert, der Botschafter sei ein sehr beschäftigter Mann, der sich nicht permanent mit Visaanträgen befassen könne. Wir entnehmen dem Lamento, dass der verkürzte Prozess abgeschafft wurde. So viel zu verlässlichen Informationen.

Auf der Bank begeben wir uns zum Informationsschalter und füllen wie die Streber zwei getrennte Einzahlungsbelege aus – auch dieses Mal mit geborgtem Kugelschreiber. Da dieser Kontinent notorisch unter Schreibzeugmangel leidet, ist heute offenbar unser Glückstag. In Hochstimmung nähern wir uns dem Schalterbeamten für die Einzahlung.

„Entschuldigen Sie, aber unser System ist ausgefallen. Ich darf leider kein Bargeld annehmen, da ich es nicht verbuchen kann."

Stefan umwirbt den Schalterbeamten wie ein Geliebter die Braut, aber nichts hilft. Als er schließlich vollmundig nach einem Gespräch mit dem Bankdirektor fragt, werden wir zu unserer Überraschung tatsächlich ins obere Stockwerk geführt. Eine freundliche Dame hört sich unser Anliegen an, verschwindet im Büro des Direktors, kommt mit der knappen Aufforderung „Das Geld, bitte!" wieder zurück, und kurz darauf halten wir die gestempelten und unterschriebenen Einzahlungsbestätigungen in Händen. Siegessicher ziehen wir in Richtung Minitaxistand, um erneut bei der Botschaft vorstellig zu werden.

Jogi ist höchst zufrieden, nimmt die Einzahlungsbelege entgegen, quittiert uns diese seinerseits, und schon sind wir nach drei Stunden fertig. Der Fairness halber sei gesagt, dass wir die Visa tatsächlich fünf Werktage später ohne weitere Umstände bekommen.

Auch so können Grenzstrecken aussehen (Republik Kongo)

Der eigentliche Grenzübertritt ist eine Erfahrung für sich, die wir mit Ruhe und Gelassenheit angehen wollen, weshalb wir uns keine weiten Strecken vornehmen. Einfach nur über die Grenze – damit ist für den einen Tag schon alles erreicht. Der Grenzbeamte der Einwanderungsbehörde blättert in unseren Reisepässen. Wir tragen beide einen Doktortitel, daher die obligatorische Frage an Stefan: „Sind Sie Arzt?"

„Nein, Informatiker."

Langes Schweigen. Dann: „Stimmt, dass Computer Viren bekommen können, habe ich schon gehört."

Der nächste Gang führt zum Zoll, wo der zuständige Beamte leider nicht anzutreffen ist. Wir zucken mit den Schultern, parken, wo Platz ist, und packen Tisch und Stühle aus. Da wir nicht wissen, wie lange es sich hinziehen wird, machen wir es uns gemütlich und lesen. Schon nach wenigen Minuten werden wir unterbrochen. „Was tun Sie hier?"

„Wir warten. Der Zollbeamte ist unterwegs, und uns ist unklar, wann er zurückkehrt."

Keine fünf Minuten später werden wir in sein Büro gerufen. Das Ganze ist ein Spiel. Die Theorie: Weiße Europäer haben wenig Zeit, Beschleunigung der Vorgänge lässt sich mit Geld erkaufen. Wir haben mit unserer Haltung signalisiert, dass wir an diesem Geschäft nicht interessiert sind – auch gut.

 ## Einreise-Essenzen

Grenzübergänge und Visa sind ein Dauerbrennerthema auf Langzeitreisen außerhalb Europas. In vielen Regionen – auch in Afrika – bekommt man Visa an der Grenze. Wichtig ist, sich vorher zu informieren, ob das auch wirklich klappen kann, damit es kein böses Erwachen gibt. Ich habe schon einige Reisende getroffen, die kehrtmachen mussten, weil sie keinen Visumsstempel im Pass hatten. Mit den Grenzbeamten am Schlagbaum Diskussionen darüber anzufangen, ist in der Regel zwecklos.

Die meisten Länder haben Botschaften in den Hauptstädten ihrer Nachbarstaaten. Dort kann das Visum beantragt werden. Achte auf die Öffnungszeiten, die meisten haben nur vormittags und an bestimmten Wochentagen geöffnet.

Häufig genügen zur Beantragung des Visums ein bis zwei Passbilder und der Reisepass. Weitere Papiere werden dann meist in der Botschaft ausgefüllt. Für Nigeria war zum Beispiel eine detaillierte Routeneinzeichnung auf der Kopie eines Landkartenauszugs nötig. In den Iran hingegen kann nur einreisen, wer bei der Visumsbeantragung die geplanten Reiseziele detailliert mit Datum und Unterkunft angibt. Was ich damit sagen will: Der Fantasie der Behörden ist keine Grenze gesetzt.

Die Bearbeitungsdauer beträgt in der Regel vierundzwanzig Stunden oder bis zum nächsten Öffnungstag der Botschaft. Seltener dauert es, wie im beschriebenen Fall, eine ganze Woche.

Manche Länder machen einen Unterschied, ob man einfliegt (dann gibt es das Visum am Flughafen) oder mit dem eigenen Fahrzeug einreist (in diesem Fall muss es in der Botschaft beantragt werden). Und wieder andere Länder erlauben die Visumsbeantragung nur im Heimatland. Daher mein Tipp: Beantrage vor Reiseantritt einen zweiten Reisepass. Für deutsche Staatsbürger geht das mit einer entsprechenden Begründung. Diesen Pass lasst ihr zu Hause bei Freunden oder Familie, denn Visa sind nicht unbegrenzt gültig. In der Regel muss man innerhalb einer bestimmten Frist eingereist sein. Es nimmt sehr viel Stress aus dem Reisen, diesen Zweitpass erst, wenn du dich der entsprechenden Grenze näherst, einem der zahlreichen Visumdienste in Deutschland zu schicken. Dann ist nur noch die Frage zu klären, wie das gute Stück den Weg zu dir findet. Beachte, dass deutsche Botschaften für ihre Staatsbürger keine Post entgegennehmen. Eine Adresse im Voraus festzulegen, ist daher eine gute Idee.

Die Visagebühr schwankt von Land zu Land, liegt aber im Schnitt bei etwa fünfzig Euro. Wenn das Visum vor der Einreise beantragt werden muss, ist damit in der Regel auch der Gang zu einer Bank im Land der Beantragung verbunden. Wenn das Visum in Deutschland beantragt wird, entrichtest du die Kosten inklusive Gebühren an den Visumdienst.

Über Afrika wird häufig gesagt, dass Ausländer an der Grenze grundsätzlich abgezockt werden – das kann ich *nicht* bestätigen! Wir haben an keiner einzigen Grenze mehr gezahlt als die Visagebühr und – wenn erforderlich – Straßensteuer.

Mit Vorsicht zu genießen sind allerdings Menschen, die an Grenzübergängen gern als Helfer auftreten. Sie nehmen dir Geld dafür ab, dich durch den Prozess zu begleiten. Meiner Erfahrung nach sind aber auch die meisten Grenzbeamten äußerst hilfsbereit. Irgendwelche Dritte, die sich dafür auch noch bezahlen lassen, sind eher hinderlich als hilfreich.

Zum Thema Einreise mit Auto ist noch zu sagen, dass eine ganze Reihe von Ländern Einfuhrzölle erheben. Diese umgeht man mit einem Dokument, das sich „Carnet de Passage" (CdP) nennt. In manchen Ländern ist dieses Zollpapier sogar Vorschrift, um das Fahrzeug importieren zu können. Du bekommst das CdP beim ADAC. Die Kosten richten sich dabei nach der geplanten Reiseroute. Außerdem muss Geld oder eine Bankbürgschaft, die sich am aktuellen Fahrzeugwert orientiert, hinterlegt werden. Dies gilt als Sicherheit, falls das Auto tatsächlich nicht mehr nach Hause zurückkehrt. Das Carnet musst du dir bei der Einreise sowie bei der Ausreise abstempeln lassen. Aber nicht jeder Zollbeamte hat so ein

Dokument schon einmal gesehen. Meine lustigste Begegnung war mit einem Zollbeamten, der mit großer Geste zunächst einen Schrank öffnete, aus dem er als einzigen Gegenstand einen kleinen Stempel zutage förderte, mit dem er anschließend mehrfach über dem Dokument kreiste, um mich mit der Frage zu überraschen: „Wo soll ich stempeln?" Achtet stets darauf, dass das CdP korrekt behandelt wird, denn ihr wollt am Ende der Reise ja euer Pfand zurück.

Für Grenzformalitäten in Afrika müssen wir viel Geduld mitbringen (Republik Kongo)

Innenansichten einer Krise

Zi Mba Bwe bedeutet „großes Haus aus Stein". Simbabwe ist der Name des Staates nördlich von Südafrika, der bis zu seiner Unabhängigkeit im Jahr 1980 Rhodesien hieß. Robert Mugabe, eine treibende Kraft der Unabhängigkeit, wurde 1988 zum Staatspräsidenten gewählt und behielt dieses Amt bis zu seinem Tod 2019. In seinen Dekaden als Regierungschef wurde er vom Retter zum Diktator und stürzte die einstige Kornkammer Afrikas durch ein Regime aus Unterdrückung und Korruption in eine tiefe Krise, aus der das Land bis heute nicht komplett wieder herausgefunden hat. Viele Simbabwer werden vertrieben oder flüchten in die Nachbarländer. Wir begegnen ihnen auf unseren Transafrikareisen in den ersten Jahren des neuen Millenniums. Exil-Simbabwer ermutigen uns, ja bedrängen uns geradezu, ihre Heimat zu besuchen. Das, was sie selbst nicht mehr erleben können, legen sie uns mit größter Inbrunst ans Herz.

Zunächst hatten wir Simbabwe gar nicht in der Planung. Es heißt, es gebe keinen Diesel, die Inflation galoppiere derart, dass das Geld in Waschkörben zum Einkaufen getragen werden würde. Der

Tourismus und mit ihm die Infrastruktur liege am Boden. Ob die Nationalparks geöffnet sind, wissen wir nicht. Die Landesführung und ihre offiziellen Vertreter, die überall Feinde wittern, sind unberechenbar. Wir fragen uns, ob wir dieses Regime unterstützen wollen, indem wir Devisen einführen. Ist es sinnvoll, sich hier eine schöne Zeit zu machen, während die Lokalbevölkerung nicht weiß, wie sie überleben soll? Bringen wir uns selbst in Gefahr, wenn wir hier herumfahren? Wie kann die Exitstrategie aussehen, wenn keine Kommunikation mehr möglich ist?

Doch letztlich überwiegt die Neugier. Die Beteuerungen der Simbabwer, dass ihre Landsleute nicht mit ihrer Regierung zu verwechseln sind, haben eine beruhigende Wirkung auf uns. So ist am Ende die Anziehung stärker als der Gegendruck und wir brechen auf, mit Diesel in Ersatztanks für tausendfünfhundert Kilometer. Die Route ist so berechnet, dass der Sprit bis zur Grenze nach Sambia reicht.

Wir erleben dieses traumhaft schöne Land auf einzigartige Weise. Andere Touristen treffen wir tatsächlich keine. Besitzer von Unterkünften und Restaurants reiben sich fast schon verwundert die Augen, wenn wir um die Ecke biegen, denn für die Menschen im Land gibt es keinen Treibstoff, um ihre Autos zu bewegen. Die Freude über unseren Besuch ist groß, aber natürlich sprechen die Menschen auch über ihre prekäre Lebenssituation, weil sie die Hoffnung haben, dass Berichte von hier die Welt erreichen, bevor es zum Äußersten kommt.

Auch in den Nationalparks werden wir euphorisch empfangen. In den Übernachtungscamps im Hwange Nationalpark leben persönliche Betreuer, deren Aufgabe es ist, die Plätze in Ordnung zu halten und sich um die Gäste zu kümmern. Sie haben seit Monaten niemanden mehr gesehen. Auch die Parkranger sind der Verzweiflung nahe, weil der Diesel so knapp ist, dass sie damit kaum noch die Pumpen bedienen können, die die Wasserlöcher versorgen – ganz zu schweigen davon, dass Wilderer nicht mehr verfolgt werden können, weil der Sprit für die Geländewagen fehlt. So leiden auch die Tiere.

Doch in dieser Düsternis gibt es immer noch die Natur mit all ihrer Schönheit. Rückblickend kann ich sagen, dass mir die Nationalparks in Simbabwe am Besten gefallen haben, weil sie intensive Tiererlebnisse ermöglichen. In Mana Pools darf man die Natur auch zu Fuß erkunden, sofern man mutig genug ist. Die Landschaft ist abwechslungsreich und Übernachtungsmöglichkeiten bieten ungewohnten Luxus, wie etwa überdachte Aussichtsplattformen. Im Hwange Nationalpark überreden wir den Ranger, uns dort schlafen zu lassen. Um uns herum sind Petroleumlampen aufgestellt, um die Tiere davon abzuhalten, uns zu nahe zu kommen. Mitten in der Nacht bahnt sich vor uns am Wasserloch ein Drama an. Wir hören zunächst das Stampfen und Schnauben einer Herde Büffel, die zum Trinken kommt. Dann liegt plötzlich Panik in der Luft. Wildes Schnauben und Hufgetrampel, ein erstickter Schrei, dann … gespenstische Stille. Im Morgengrauen erkennen wir die Silhouette eines toten

Büffels – das Frühstück eines Löwenrudels, das sich um ihn tummelt.

Im Mana-Pools-Nationalpark hingegen sitzen wir in der freien Natur direkt am Ufer des Flusses Sambesi. Hier ist ein Stück Natur zum Camp erklärt worden, ohne jede Infrastruktur. Wir beobachten in unseren Campingstühlen sitzend die Krokodile und Nilpferde im Wasser. Sie bewegen sich in der Mittagshitze nur, wenn es sein muss.

Ich entscheide mich irgendwann, mit einer Decke unter einen Baum umzuziehen und zu lesen. Dabei vergesse ich völlig die Welt um mich herum, und bin überrascht, als mit einem Mal ein großer Schatten meine Buchseiten verdunkelt. Langsam hebe ich den Kopf und schaue einer Elefantenkuh direkt in die Augen.

Simbabwe hat die schönsten Nationalparks in Afrika

Ich bin jedes Mal wieder fasziniert, wie lautlos sich diese schweren Tiere bewegen können. Dieses

Exemplar, so höre ich später von Stefan, hat von Sambia kommend den Sambesi durchschwommen, ist die Böschung hochgeklettert, hat dort am Ufer eine Weile lang die Blätter von den Bäumen gezupft und sich dann auf den Weg in meine Richtung gemacht. Stefan hat seine Kamera immer griffbereit und steht nun in sicherer Entfernung hinter unserem Auto, das Zoomobjektiv im Anschlag. Typisch ... Statt mich zu warnen, hofft er auf ein Spitzenmotiv. Ich hingegen nehme all meinen Mut zusammen, schicke dem Wesen vor mir gute Gedanken und hoffe, dass es meine Anwesenheit toleriert. Ich habe gelernt, mich ruhig zu verhalten; weder Töne von mir zu geben noch hektische Bewegungen zu machen. Der Rüssel des Tiers kommt nun ganz nah an mich heran. Ich halte unweigerlich die Luft an und ... bestehe den Test offenbar. Denn das Tier dreht langsam ab und verschwindet zwischen den Akazien. Ich atme hörbar aus und sammle schnell meine Habseligkeiten zusammen. Jetzt brauche ich erst einmal einen Kaffee.

Jetzt ganz ruhig bleiben! (Simbabwe)

Sieben Jahre später, wir sind gerade in Richtung einer größeren Ortschaft unterwegs, ruckelt der Land Rover und der Motor stirbt ab. Auf einer leicht ansteigenden Teerstraße rollen wir mit dem letzten Schwung auf den Seitenstreifen. Stefan öffnet die Motorhaube und konstatiert: „Der Motor bekommt keinen Diesel mehr." Um es gleich vorweg zu nehmen: Der Tank ist noch halb voll. Ich stelle vorsichtig die Anfrage, ob es nicht besser sei, ein Auto anzuhalten, das uns abschleppen könne, aber Stefan analysiert noch. Vielleicht lässt sich der Schaden ja an Ort und Stelle beheben.

Doch nach einer Weile kommt er zu dem Schluss, dass es einer Werkstatt bedarf. Ich halte Ausschau nach einem Wagen, der kräftig genug ist, den Landy zu ziehen. Inzwischen ist der Verkehr wieder dichter, denn Diesel ist in Simbabwe keine Mangelware mehr. Ich muss nicht lange warten, bis ein weißer Pick-up am Horizont erscheint. In der Hoffnung, dass sich der Fahrer entscheidet, anzuhalten, statt mich zu überfahren, stelle ich mich demonstrativ mitten auf die Fahrbahn und mache eindeutige Bewegungen mit den Armen. Der Fahrer wird später sagen: „Du hast so autoritär ausgesehen, dass ich mich nicht getraut hätte, weiterzufahren." Was er aber eigentlich sagen will ist: Ich hätte euch um keinen Preis dort stehen lassen.

Im Nu ist der Landy mit unserem Abschleppseil am Pick-up befestigt.

Als wir kurz darauf an einer der für Simbabwe üblichen polizeilichen Straßenkontrollen vorbeikommen, ruft unser Retter in der Landessprache der Shona aus dem Fenster: „Wir haben deutsche Gäste im Schlepptau, die liegen geblieben sind! Wir liefern sie nur schnell in der Werkstatt ab – wir können nicht anhalten!"

Deren Protest geht im Fahrtwind unter. In unserem „Abschleppwagen" sitzen Vater und Sohn. Der Junior witzelt: „Hoffentlich schießen die nicht, sonst treffen sie am Ende noch unsere Touristen."

Was wir nicht wissen: Die beiden führen sensible Fracht mit sich. Der Pick-up ist der Goldtransporter einer Mine. Die nächste rote Ampel wird einfach überfahren, und bergab wird der Landy so schnell wie sonst mit eigenem Motor nicht. Wir erreichen schließlich den Ort und halten an der ersten Tankstelle. Unsere Retter informieren uns, dass der Automechaniker schon verständigt und unterwegs ist. Die beiden müssen jetzt leider aufbrechen. Erst als der Pick-up um die Ecke biegt, fällt uns auf, dass wir nicht einmal ihre Namen kennen.

Nach nur zehn Minuten fährt der Mechaniker vor und schleppt uns das restliche Stück zur Werkstatt. Dort machen sich der Chef persönlich und sein Angestellter sofort auf Fehlersuche – sie gehen dabei sehr systematisch vor. Das Ergebnis ist wenig erfreulich – die Einspritzpumpe ist defekt. Da man hier nichts weiter für uns tun kann, verständigt der Werkstattinhaber einen Wettbewerber, der sich mit Dieselpumpen auskennt. Dieser kommt nahezu umgehend und schickt nach kurzer Diskussion zwei seiner Mitarbeiter, die das defekte Teil ausbauen. Als das Ende der Arbeitszeit für heute erreicht ist, packen wir eine Tasche, denn hier in der Werkstatt können wir nicht bleiben. Der Landy, so wird uns versichert, sei hier gut aufgehoben. Wir finden eine günstige Pension in der Nähe, wo wir freundlich aufgenommen werden.

Am nächsten Morgen werden wir in der Werkstatt bereits erwartet. „Die gute Nachricht ist, wir haben den Fehler gefunden und die Ersatzteile da. Die schlechte Nachricht ist, die Reparatur kostet sechshundert US-Dollar."

Wir sind zwar einigermaßen schockiert, nehmen es aber als Fügung des Schicksals, dass die Geldautomaten in Simbabwe inzwischen US-Dollar herausgeben. Während wir das weitere Vorgehen besprechen, fährt eine nett aussehende blonde Frau vor. Als sie uns sieht, stutzt sie kurz und fragt dann: „Seid ihr die beiden Touristen, die mein Mann gestern abgeschleppt hat?" Wir bestätigen ihre Vermutung und sie erkundigt sich nach dem Stand der Dinge. Da die Werkstatt immer erst ab dreizehn Uhr Strom hat, wird die Reparatur einige Zeit in Anspruch nehmen. So schnell kommen wir hier also nicht weg.

„Dann fahrt ihr jetzt mit mir nach Hause. Ist zwar nicht aufgeräumt und es gehen ständig Hunderte Leute ein und aus, aber ihr seid herzlich eingeladen."

Wir widersprechen erst gar nicht. Die Landy-Reparatur wird fast zum Nebenschauplatz, denn wir gewinnen einzigartige Einblicke in das Leben dieser hilfsbereiten Menschen. Das Ehepaar hat sechs Kinder und lebt in einem Haus am Stadtrand. Es teilt sich ihr Anwesen mit den schwarzen Angestellten und deren Kindern. Sheridan fährt die schwarzweiße Kinderschar jeden Morgen zur Schule – das ist eine Odyssee, da sie alle unterschiedlichen Alters sind und verschiedene Schulen besuchen. Joshua und Sheridan zahlen dabei das Schulgeld für alle. Nur wenige Familien können ihren Kindern eine gute Schulbildung ermöglichen.

Das Hausmädchen Bella kocht gut und sehr viel. Angerichtet wird in der Küche, jeder nimmt sich, was er mag. Im Kühlschrank stehen immer Wasser und Softdrinks. Alkohol gehört nicht mehr zum Repertoire, seit der Hausherr aus Verzweiflung über seine Lage an seinem Bierkonsum beinahe zu Tode gekommen wäre. Das erfahren wir nicht etwa hinter vorgehaltener Hand, das erzählt er uns selbst auf ganz ungeschminkte Weise. Joshua war Farmer. Er war zweiundvierzig Jahre alt, als seine Farm so war, wie er sie sich immer gewünscht hatte: ein großes Gelände mit eigener Bewässerung und mehrere Tausend Rinder. Aber er hatte jede Menge Schulden bei der Bank, und kaum am Ziel angekommen, erhielt er Todesdrohungen von einem Herrn, der sich selbst Hitler nannte. Josh erlitt einen Nervenzusammenbruch. Als die Aufforderung zur Räumung kam, hatten sie eine Woche Zeit, die Farm zu verlassen. Die Bank mischte sich ein und veräußerte Teile der Herde, um ihre eigenen Verluste zu minimieren. Da es dabei nicht mit rechten Dingen zuging, zog Joshua jahrelang immer wieder vor Gericht, und dort traf er schließlich auf einen schwarzen Richter mit Sachverstand. Dieser stellte dem CEO der Bank im Gerichtsverfahren bohrende Fragen, auf die dieser jedoch keine Antworten parat hatte und lässig um Aufschub bat. Doch der Richter wurde ungehalten. „Sie sind der

Chef dieser Bank! Ich erwarte, dass Sie sich auskennen! Der Kläger muss meine Fragen auch hier
und heute beantworten – dasselbe gilt für Sie!" Der
CEO zuckte verlegen mit den Schultern und der
Richter hatte genug. Der Fall wurde geschlossen, die
Bank trug den Schaden. Ein erster Teilsieg war damit
errungen, aber Joshua hatte immer noch Schulden
und kein Kapital, um eine neue Existenz aufzubauen. Derweil wurde seine Farm parzelliert und wie
zu dieser Zeit üblich an Schwarze verteilt, die allerdings mit den Anlagen nicht umgehen können, weil
sie keiner unterwiesen und niemand sie das Farmen
gelehrt hatte. Joshua sah sein Farmland nie wieder.
Nach hitzigen Debatten mit den Vorständen der
Bank bekam er aber einen Kredit und zwei Jahre
Aufschub für die Rückzahlung. Die Verhältnisse
im Land wurden zusehends schlechter, und dann
kam der Tag, an dem Joshua und Sheridan einen
Anruf bekamen – mit dem Tipp, schnell all ihre
Simbabwe-Dollar zu Waren zu machen. Josh und
Sherry kauften tausend T-Shirts, fünfhundert
Schubkarren und hundert Traktorräder. Am
nächsten Tag war das Geld, das sie am Vortag
noch unter die Leute gebracht hatten, praktisch
nichts mehr wert. Die Farmenteignungen nahmen
unterdessen zu, die Besitzer verließen das Land.
Das Nachbarland Sambia nahm viele der Fach-
kräfte auf. Großbritannien und Australien boten
Bleiberechte und Pensionen für ganze Familien.

Für mich ist es erstaunlich, dass trotzdem viele
aus Liebe zu ihrem Land geblieben sind – so auch
Sheridans Eltern, die fast zu Tode geprügelt wurden, aber nirgendwo anders leben wollen. „Einmal

Simbabwer, immer Simbabwer. Das gilt für alle, ungeachtet der Hautfarbe", sagt ihre Mutter.

Joshua hat gelernt, auf seine innere Stimme zu hören. Warum er sie bisweilen so deutlich vernimmt, weiß er nicht. Doch Fakt ist, dass sie ihn schon mehrfach vor höherem Schaden bewahrt hat. Als wir ihn kennenlernen, hat er umgesattelt. Simbabwe ist reich an Gold und er ist Minenbesitzer mit offiziellen Konzessionsrechten. Das ist wichtig, denn viele Afrikaner suchen illegal nach den wertvollen Nuggets, und enden, wenn sie dabei erwischt werden, für Jahre im Gefängnis.

Stefan ist fasziniert von dem Prozess der Goldgewinnung aus einem bloßen Haufen Erde. Daher besuchen wir mit Joshua die Mine, und Stefan lässt es sich nicht nehmen, mit den Arbeitern in den Schacht zu steigen. Als er dreckig und verschwitzt wieder auftaucht, macht Joshua Witze darüber, dass Stefan Simbabwe nun auch von innen kennt.

Mich interessiert vor allem das Endprodukt: das Gold. Ich bin beeindruckt, wie schwer so ein kleines Klümpchen hochreinen Edelmetalls doch ist. Als Joshua meine Freude darüber bemerkt, legt er mir alles in die Hände, was er gerade im Haus hat. Mir wird fast ein bisschen schwindelig. Gold ist das Thema, bei dem Joshua zur Hochform aufläuft. „Mugabe ist reicher als Dagobert Duck, er hat den Leuten zwei Jahrzehnte lang ihr Gold weggenommen und sie dafür mit wertlosen Geldscheinen entlohnt, die er nach Belieben drucken ließ." Der Geldschein mit der höchsten Einheit vor der offiziellen Abschaffung des Simbabwe-Dollar trug den Aufdruck *„Eine Trillion"* – das ist eine Eins mit zwölf

Nullen. Dabei waren zwischenzeitlich, verteilt auf mehrere Phasen, bereits zweiundzwanzig Nullen gestrichen worden. Heute hängen auf öffentlichen Toiletten Hinweisschilder mit der Aufforderung, man möge doch bitte keine Simbabwe-Dollar hinunterspülen.

Aus einer Nacht wird im Nu eine ganze Woche, obwohl der Landy längst fertig ist. Jetzt wird es aber wirklich Zeit, sich tränenreich zu verabschieden. Wir sind überaus dankbar für das Geschenk dieser Begegnung, und mir wird einmal mehr bewusst, dass Menschen, die selbst Probleme haben, am hilfsbereitesten sind. Simbabwer waren es, die uns ermutigt haben, das Land zu bereisen – Simbabwer sind es, die uns ermöglichen, es unbeschadet wieder zu verlassen.

Am Ende beantworten sich alle Fragen, die wir uns vor dem Grenzübertritt gestellt haben, so: Simbabwe ist nicht gefährlicher als andere Länder. Mit unseren Reisen unterstützen wir nicht das Regime, sondern die Menschen, die unter dem Regime zu leiden haben. Viele Simbabwer leben vom Tourismus, sind also direkt betroffen, wenn die Urlauber mit den Füßen abstimmen. Die Nationalparks sind ebenfalls auf Einkünfte angewiesen. Ohne finanzielle Unterstützung von außen können keine Maßnahmen gegen Wilderei getroffen werden. Und nicht zuletzt bietet eine Reise nach Simbabwe den Menschen moralische Unterstützung – dieser Faktor wiegt mehr, als sich Außenstehende vorstellen können. Für die Menschen, die wir hier kennengelernt haben – egal ob Schwarz oder Weiß – ist es wichtig, zu wissen, dass die Welt sie nicht vergisst.

 Krisengebiets-Essenzen

Diese Reiseerzählung steht exemplarisch für Reisen in und durch Krisengebiete. Letztlich ist es eine persönliche Entscheidung, welche Ziele man sich zutraut. Die eigene Sicherheit steht dabei für mich an oberster Stelle.

Verlässliche Informationen von außen, aber besser noch von innen, sind der wichtigste Kompass. Achte auf die Qualität der Quellen, denn du musst schließlich darauf vertrauen können, dass die Fakten stimmen.

Die Informationen des Auswärtigen Amts sind ein guter Anfang. Zudem versorgen dich renommierte Foren mit fast tagesaktuellen Informationen, weil sie aus der Community der Reisenden stammen. Seit dem Einzug von Social Media ins Reiseleben gibt es auf fast jede Frage eine Antwort in Reiseblogs oder auch in Facebookgruppen zu speziellen Reiseländern/-routen. Die aktuellste und beste Quelle sind aber immer noch Einheimische. Sprich über deine Reise, sobald du den Entschluss dazu gefasst hast, und du wirst sehen, wie schnell du zu Hause bereits mit Menschen, die aus dieser Region stammen, ins Gespräch kommst. Sie knüpfen liebend gern Kontakte zu Familienmitgliedern vor Ort – nutze diese,

denn so hast du nicht nur einen Ansprech-
partner für deine Fragen, sondern auch einen
Anlaufpunkt, den du besuchen kannst.

Fakten sind aber nur die eine Seite der Medaille. Wenn ich Ängste habe, die durch Fakten nicht begründbar sind, dann hat es nur
wenig Sinn, diese zu ignorieren. Dann kann
ich versuchen, Strategien zu entwickeln, um
diesen Ängsten zu begegnen. Dass diese Strategien nicht vernunftbasiert sein müssen,
zeigt ein persönliches Beispiel: Ich hatte
große Sorge, dass wir in den Wüsten des südlichen Afrikas verloren gehen. Ich habe mich
daher gefragt, was genau es ist, das mir da
Angst macht. Die Antwort lautete „uner-
reichbar zu sein". Also haben wir ein Satelli-
tentelefon gekauft. Es hätte Hunderte Situationen gegeben, in denen dieses Teil uns rein
gar nichts genutzt hätte, aber das war für
mich nicht entscheidend. Mit der theoreti-
schen Erreichbarkeit war mein Angstthema
erledigt, und ich bin nicht nur ohne Furcht,
sondern mit ganz viel Begeisterung durch die
Wüste Namib gekurvt. Mein Tipp ist daher:
Frag dich, welche Emotion dich daran hin-
dert, eine bestimmte Sache auszuprobieren.
Wenn du dieser Emotion eine Handlung ent-
gegensetzen kannst, um sie zu überwinden,
dann hast du deine Grenze der persönlichen
Freiheit verschoben, auf die du hinterher garantiert sehr stolz bist.

Ich möchte an dieser Stelle nicht falsch verstanden werden: Dies ist kein Aufruf dazu, jedwede Reisewarnungen in den Wind zu schlagen! Aber ich bin für Differenzierung. Wenn es in bestimmten Landesteilen zu Konflikten kommt, dann meide ich diese Gebiete, ja, das heißt aber noch lange nicht, dass ich das ganze Land als Reiseziel vergessen kann. Wenn dem so wäre, würde den afrikanischen Kontinent niemand von Nord nach Süd durchqueren können, da auf dem Weg mehrere krisengebeutelte Länder liegen, durch die man auf jeden Fall fahren muss. Ich kann aber sehr wohl eine Route wählen, die zumindest mehr Sicherheit bietet. So sind wir 2010 ebenso unversehrt durch den Westen der Demokratischen Republik Kongo (DRC) gereist wie durch Nigeria.

Hilfreich sind die Services der Botschaften. Wir haben uns beispielsweise vor Reiseantritt durch die DRC in einen E-Mail-Verteiler der Deutschen Botschaft eingetragen. Dieser versandte regelmäßig Benachrichtigungen zur Sicherheitslage. Außerdem haben wir bei der Botschaft angegeben, wann wir in das Land eingereist sind und wann wir gedenken, es wieder zu verlassen, was wir nach Ausreise schriftlich bestätigt haben.

Tierisch gut – afrikanische Safari zu Land, zu Wasser und in der Luft

Als uns der Wecker aus süßen Träumen reißt, ist es noch dunkel. Ich nehme die Geräuschwelt der afrikanischen Nacht wahr: Zikaden zirpen, im Fluss grunzen Nilpferde. Aus der Ferne vernehmen wir den rhythmischen, rauchigen Kehlton eines Löwen. Langsam schälen wir uns im Geländewagen aus den Schlafsäcken. Wir beeilen uns mit den Vorbereitungen zum Aufbruch, denn im Dunkel der Nacht ist es nicht ratsam, sich ohne den Schutz einer Feuerstelle lange draußen aufzuhalten.

Wir sind in Kenia, genauer gesagt in der Maasai Mara, einem Naturschutzgebiet an der Grenze zu Tansania, das direkt an die Serengeti angrenzt. Hierher, in den Nordwesten des Parks, kommen wir seit Jahren, weil man sich relativ frei bewegen und auf einem Fleck campieren kann, der den Massai gehört. Heute haben wir etwas Besonderes vor. Wir lösen ein Geschenk von Freunden ein, das Stefan zu seinem vierzigsten Geburtstag bekommen hat.

Der Land Rover rumpelt über die Piste – gerade so schnell, dass wir in den Lichtkegeln der Scheinwerfer vorbeiflitzende Tiere und still lauernde Schlaglöcher rechtzeitig erkennen können. Nach kurzer Fahrt von unserem Übernachtungsplatz inmitten der Savannenlandschaft aus, haben wir unser Ziel auch schon erreicht: das Little Governors Camp. Hier genießen Safaritouristen in Zelten mit nobler Ausstattung inmitten einer gepflegten Gartenanlage den Sternekomfort. Unweigerlich fühle ich mich an den Film „Jenseits von Afrika" erinnert. Nach einem köstlich duftenden Kaffee und Keksen erscheint ein Ballonfahrer und gibt uns eine Einführung, denn wir werden die einzigartige Landschaft im Herzen Afrikas heute von oben sehen.

Noch bevor die Sonne aufgeht, werden die Ballons zum Start vorbereitet. Der helle Schein der vom Gas kreischenden Flammen, die die Ballons mit heißer Luft füllen, bilden einen scharfen Kontrast zur schwarzen, immer noch still ruhenden Landschaft um uns herum. Langsam richten sich die bauchigen Riesen in Regenbogenfarben zu ihrer vollen Größe auf. Ihre grob geflochtenen Körbe bieten jeweils Platz für sechzehn Menschen, die so auf vier Parzellen verteilt werden, dass der Korb in Balance bleibt. Als wir alle unsere Position gefunden haben, lassen die Angestellten am Boden die Seile los und wir schweben in die Höhe. Die Menschen, die unter uns freundlich winken, werden rasch winzig klein, und kurz nach dem Start zeichnet sich die Sonne als orangefarbene Scheibe am Horizont ab.

Die Richtung unserer Bewegung gibt der Wind vor: im Wechsel über kleine Waldstücke und die

Graslandschaften der Ebene hinweg, immer entlang des Mara. Das ist der Fluss, der diesem Nationalpark seinen Namen gibt. Der Wasserlauf zieht sich wie ein Wurm in Schwüngen durch die Landschaft. Wir gleiten lautlos über die Fläche und bekommen so einen Eindruck der Weite der Natur und von ihren tierischen Bewohnern. Der Ballon überfliegt Herden von Zebras, Giraffen, Antilopen und Gazellen. Wir passieren Gnus, Elefantenfamilien, einzeln dahinschleichende Hyänen auf der Suche nach einem Platz für die heiße Zeit des Tages. Wenn der Ballonfahrer den Brenner anwirft, schrecken wir die Tiere auf und versetzen sie in Galopp. Ich vertrage das Fliegen im Flugzeug nicht besonders gut und war deshalb vor dem Start ein bisschen nervös, aber dieses Schweben über die Baumwipfel der Schirmakazien, mit der Sonne im Rücken, ist fantastisch. Viel zu schnell ist die Zeit vorbei. David, der Pilot an Bord, bittet uns zum Gruppenfoto – dann weist er uns an, die Position zur Landung einzunehmen. Ich setze mich auf die kleine Bank im Korb und lege den Kopf so zurück, wie es mir erklärt wurde. Wir sinken immer weiter, dann setzt der Korb einmal, zweimal, dreimal auf, kommt kurz zum Stehen und kippt im Zeitlupentempo auf die Seite. Alles läuft nach Plan. Wir krabbeln auf allen Vieren heraus und werden von einem Massai in Empfang genommen. Er geleitet uns zu einer langen Tafel, die mit einem üppigen Frühstück gedeckt ist – es ist herrlich bunt. Zur Begrüßung gibt es Champagner. Was für ein verrückter Morgen!

Zurück an unserem Übernachtungsplatz schauen wir, wie es unseren Nachbarn, den Nilpferden, geht.

Die Tiere haben einen ganz eigenen Rhythmus. Tagsüber liegen sie schlafend im Wasser, und am späten Nachmittag kommen sie heraus, um die ganze Nacht zu grasen. Dabei legen sie trotz ihrer Masse von circa zweitausend Kilogramm Fußmärsche von bis zu dreißig Kilometern zurück. Es ist unglaublich, wie schnell sie dabei mit ihren kurzen stämmigen Beinen unterwegs sein können. Die männlichen Tiere zeigen ein ausgeprägtes Revierverhalten. Sie dulden keine anderen Männchen in ihrer Nähe – nicht einmal die eigenen Kinder. So kommt es immer wieder zu Kampfszenen, die nicht selten für eines der Tiere tödlich enden – wer einmal ein Hippo aus der Nähe gesehen hat, weiß warum. Die Tiere tragen unter ihrem breiten, fleischigen Maul schaurig lange Stoßzähne.

Eindrucksvoll sind auch die Geräusche, die Nilpferde von sich geben. Der Laut klingt wie ein kehliges, tiefes Lachen. Die Antwort auf die Frage, warum das Nilpferd lacht, gibt eine alte Sage: Vor langer Zeit hat Gott die Erde und alle Kreaturen darauf erschaffen. Danach fragte er die Tiere, ob sie zufrieden seien. Nilpferde lebten seinerzeit an Land und waren ganz und gar nicht zufrieden. „Wir möchten gern im Wasser sein. Es ist so heiß hier draußen. Unsere Haut ist zu empfindlich." Gott, der gerecht sein wollte, fragte die anderen Tiere um Erlaubnis. Die Fische jedoch befürchteten, von den Nilpferden gefressen zu werden. Krokodile hatten Angst, die Nilpferde würden sie zertrampeln. Also blieb erst einmal alles beim Alten, bis eines Tages der Einstein unter den Nilpferden geboren wurde. Er hatte eine Idee, die er bei der nächsten Zusammenkunft mit

Gott vortrug: „Wie wäre es mit einem Kompromiss? Wir schlafen am Tag, wenn es für uns unerträglich heiß ist, im Wasser, und kommen nachts heraus, um Gras zu fressen." Diese Idee schien den anderen Tieren vernünftig. Die Fische aber hatten immer noch Bedenken. „Wie können wir sicher sein, dass ihr uns nicht heimlich fresst?" Der Nilpferd-Einstein antwortete: „Wir machen unser Geschäft an Land und verteilen es so, damit jeder sehen kann, dass keine Fischgräten darin sind." Gott ließ es auf einen Versuch ankommen und erlaubte den Nilpferden, tagsüber im Fluss zu sein. Die Nilpferde waren außer sich vor Freude und begannen aus voller Kehle zu lachen. Nachts kamen sie heraus, um zu fressen und ihr Geschäft zu verrichten. Als Gott am nächsten Tag mit seinem Wanderstab das Ergebnis begutachtete und sah, dass die Nilpferde tatsächlich nur Gras gefressen hatten, erlaubte er ihnen, fortan so weiterzuleben. Seither kann man das Lachen der Nilpferde im Fluss hören.

Ich habe viele Male gesehen, mit welcher Fliehkraft Nilpferde verdautes Futter mit dem Schwanz in der Umgebung verquirlen. Daher glaube ich an diese Geschichte.

Wir sind zur Zeit der großen Migration in der Maasai Mara. Diese Tierwanderung ist ein weltweit einzigartiges Schauspiel, das sich einmal jährlich wiederholt. Dabei wandern Tausende von Gnus, Zebras und Gazellen dem Regen und damit dem frischen Grün hinterher, bis sich nach etwa einem Jahr der Kreis schließt. Je nachdem wann der große Regen fällt, kann sich diese Wanderung zeitlich verschieben, daher braucht man etwas Glück, um zur richtigen Zeit am richtigen Ort zu sein. Was die Migration für die Tiere zu einem gefährlichen Unterfangen macht, sind zwei Dinge: Um von der Maasai Mara in Kenia in die tansanische Serengeti zu gelangen, müssen sie zwei Flüsse durchqueren – den Grumeti und den Mara –, wo ihnen Krokodile auflauern. Zum anderen sind sie auf dem Land Fressfeinden wie Löwen, Leoparden und Geparden ausgesetzt, die nur darauf warten, sich den Bauch vollzuschlagen. Insbesondere nach der Geburt der Jungtiere sind die Herden sehr verwundbar.

Wir stehen mit unserem Geländewagen seit dem frühen Morgen an einem für die Querung von Herden bekannten Ort. Hier fällt das Ufer steil zum Fluss hin ab. An einer Stelle jedoch gibt es einen schmalen Zugang, und dort drängen sich seit Stunden Hunderte von Gnus in Begleitung von Zebras. Es scheint, als würden alle darauf warten, dass einer den Anfang macht. Schnaufen, Stampfen, Blöken. Die vielen Hufe haben mit ihrem Getrappel Staub aufgewirbelt, der nun in der Luft hängt. Die Menge schiebt von hinten. Manche der vorderen Tiere tasten sich vorsichtig in Richtung der Böschung, machen dann aber kurz vorher kehrt. Irgendwann löst sich eine Gruppe Zebras. Sie scheinen ihre Angst überwunden zu haben. Zaghaft betreten sie das Wasser, auf der Hut, nicht dem erstbesten Krokodil zum Opfer zu fallen. Dann schwimmen sie wie Perlen an einer Schnur hintereinander durch den Fluss. Geschafft! Auf der anderen Seite geht es den Hang steil hinauf. Jetzt setzen sich auch die ersten Gnus in Bewegung. Der Lärm der Menge wird lauter, dann scheint der Damm gebrochen. Die Tiere springen den Abhang hinunter, stürzen sich ins Wasser und überrennen einander bei dem Versuch, so schnell wie möglich die rettenden Wiesen auf der anderen Seite zu erreichen. Ein Zebra ist schon am gegenüberliegenden Ufer angekommen, als es feststellt, dass der Rest der Sippe auf der anderen Seite zurückgeblieben ist und noch zögert. Es ringt eine Weile mit sich. Dann kehrt es um und schwimmt zurück. Mitten im Fluss wird es plötzlich von einer unsichtbaren Kraft nach unten gezogen. Als es wieder auftaucht, wiehert es panisch, versucht sich noch zu wehren. Ein Krokodil hat sich in seinem Hinterbein verbissen. Krokodile haben eine ganz eigene Technik, ihre Beute zu erlegen: Sie ziehen sie unter Wasser, um sie zu ertränken, und dann ziehen sie sie in seichteres Wasser. Dort reißen sie Teile aus der Beute, indem sie sich darin verbeißen und sich wie ein Korkenzieher um die eigene Achse drehen. Diese Bewegung lockt andere Krokodile an, die herbeischwimmen, um sich am Festmahl zu beteiligen. Das Wasser beginnt von der jetzt vielfachen Bewegung zu sprudeln, als würde es kochen, und verfärbt sich rosa. In der Zwischenzeit hat ein ganzer Pulk Gnus den Mara überwunden. Diesseits hat sich das Ufer geleert. Der Spuk ist fürs Erste vorbei, es tritt wieder Stille ein.

Ein ereignisreicher Tag geht zu Ende. Das letzte Holzscheit unseres Koch- und Lagerfeuers glimmt nur noch schwach – Zeit, unser Schlaflager aufzubauen. Damit im Land Rover eine Liegefläche entsteht, auf der wir unsere Isomatten und Schlafsäcke ausrollen können, sind kleinere Umbauten nötig. Einer von uns steht dabei an der Hecktür, der andere bedient die Flächen, die über die Seitentüren zu erreichen sind. Ich bin gerade an der Hecktür beschäftigt, als Stefan ein lautes, keinen Widerspruch duldendes „Ins Auto! Sofort!" ausstößt.

Ohne zu zögern springe ich in den Wagen und ziehe die Tür hinter mir zu. In der nächsten Sekunde taucht auch Stefan mit einem Hechtsprung durch die Seitentür neben mir auf.

„Was ist denn los?"

„Da draußen ist ein Leopard. Ich habe seine Augen im Schein der Taschenlampe gesehen. Er war keine fünf Meter von uns weg." Weil Stefan weiß, dass ich dazu neige, sehr gern zu diskutieren, blieb ihm nur der autoritäre Befehlston.

Ich verrenke mir den Hals, um das Tier zu sehen, habe aber kein Glück.

„Wahrscheinlich hat mein Gebrüll ihn verjagt."

Es werden noch Jahre vergehen, bis ich meinen ersten Leoparden zu Gesicht bekomme.

Wasser schafft Leben. Nirgendwo ist mir dies so deutlich geworden wie in Botswana. Der Okavango, ein stattlicher Fluss, der in Angola entspringt und sich im Norden Botswanas in viele Arme teilt, schafft ein Biotop für unzählige Pflanzen und Tierarten: das Okavango-Delta. Unbarmherzig wie die Natur sein kann versickert dieses kostbare Wasser etwa 400 Kilometer weiter südlich inmitten der Kalahari, um nichts als trockenes Buschland zu hinterlassen.

Das Moremi Game Reserve ist Teil des Okavangodeltas. Hier gibt es Herden von Elefanten, Zebras, Kudus, Gnus, verschiedenen Antilopen, Impalas, Wasserböcken und zudem unglaublich viele Vögel zu bestaunen. Da die Übernachtungscamps nicht eingezäunt sind, kommen die Tiere nah heran. Vom Campingstuhl aus beobachten wir das abendliche Bad der Elefanten im Fluss, und in der Nacht bekommen wir Besuch von einer Tüpfelhyäne. Wir haben unseren Müllsack am Außenspiegel vergessen, und unser Gast zerrt so lange daran, bis der Beutel aufreißt und sich der Inhalt auf den Boden ergießt. Besondere Freude bereitet der Hyäne die Fleischdose, mit der wir unseren Eintopf aufgepeppt haben – sie hinterlässt den Behälter wie gespült.

Am frühen Morgen kauere ich unter einem Busch in der Nähe unseres Geländewagens. Dringende Geschäfte. Als ich kurz aufblicke, traue ich meinen Augen nicht. Etwa zehn Meter entfernt liegt eine Hyäne unter einem Busch und beobachtet mich interessiert. Vielleicht das Exemplar, das wir letzte Nacht unfreiwillig gefüttert haben? Sie scheint mir jedenfalls wohlgesonnen. Ich ziehe mich dennoch langsam zurück, ohne sie aus den Augen zu lassen.

Im Herzen des Okavangodeltas, wo die Tierpopulation am üppigsten ist, liegt eine Reihe von Unterkünften, die nur mit dem Flugzeug zu erreichen sind. Das Gunns Camp ermöglicht Selbstversorgung als kostengünstige Variante. Wir können unsere eigenen Lebensmittelvorräte mitbringen und in unserem mitgebrachten Zelt schlafen. Das Camp ist die Ausgangsbasis für eine Tour, die uns drei Nächte in die Wildnis des Deltas führen wird. Da wir pro Person nur zehn Kilogramm Gepäck ins Flugzeug mitnehmen können – Campingausrüstung und Lebensmittel schon eingeschlossen – ist Sparsamkeit angesagt. Wir plagen uns mehrere Stunden mit der Packerei, lassen den Land Rover in Maun zurück.

Es ist immer noch sehr früh am Morgen, als wir uns auf dem winzigen Flughafen einfinden, um unseren zwanzigminütigen Flug in das Delta anzutreten. Wir sind Richis einzige Fluggäste, was Stefan ganz besonders freut, denn so darf er in der kleinen Propellermaschine die Position des Copiloten einnehmen.

Die Maschine fliegt ruhig, sodass sogar ich Spaß daran habe, in der Luft zu sein. Die zunächst karge Buschlandschaft weicht rasch den seichten Wiesen, Palmen und Wasserpflanzen des inneren Okavangodeltas. Wir sehen von oben einzelne Elefanten, Zebraherden, Kaffernbüffel und fliegende Sattelstörche. Die Landebahn ist eine gerodete Fläche mit Windsack, mitten im Busch. An der Seite baumeln fünf rote Eimer an einem Holzbalken – falls es brennt. Auf einer Holzbank sitzen Passagiere, die auf ihren Rückflug warten.

Im Camp angekommen, macht man uns erst einmal mit den Verhaltensregeln im Umgang mit Wildtieren vertraut. Die Geräuschkulisse ist unglaublich. Zum Sonnenuntergang dominiert das Surren der Moskitos. Dieses wird abgelöst von Vogelgezwitscher und Froschquaken. Erst als auch das verstummt, sind die Wildtiere zu hören. Elefantenschnauben, Löwengebrüll und Hyänenheulen. Der Schlaf ist unruhig, aber wir haben Spaß an der Geräuschwelt.

Am nächsten Morgen brechen wir mit dem Einbaum, eine Bootsart, die hier Mokoro heißt, auf ins Herz des Deltas. Wir werden von einem Poler, einem Bootsführer, begleitet, der gleichzeitig unser Guide ist. Die Fahrt durch die Kanäle des Okavangodeltas ist ein gemächliches Dahingleiten nahe der Wasseroberfläche. Unser Begleiter Makalikali steht am Heck des Boots und spießt seinen mehrere Meter langen Ruderstab tief in den Grund des Flusses, hangelt sich unter Einsatz seines Körpergewichts am Stab entlang, zieht diesen anschließend wieder heraus und setzt ihn etwas weiter vorn erneut ein. In dieser gleichmäßigen kreisenden Bewegung aus Stechen und Hangeln bringt er den Einbaum in Fahrt und uns in Verzückung. So lautlos gleitend kommen wir sehr nah an die Tiere heran. Sie bemerken uns meist erst im letzten Moment und rennen dann so schnell weg, dass das Wasser in alle Himmelsrichtungen spritzt.

Zur Mittagszeit schlagen wir unser Camp im Busch auf. Makalikali wählt ein schattiges Plätzchen unter einem großen Baum, der von einer Würgepflanze in den Griff genommen wurde und daher teils hohl ist. Wir legen uns zu einem Nickerchen hin – vorsichtshalber ins Zelt –, während unser Guide sein Fischernetz auswirft.

Am Nachmittag schlägt Makalikali eine Fußsafari vor. Er ist aufmerksam und liest die Spuren der Tiere. So kommen wir richtig nah an Giraffen, Elefanten, Impalas und einige Antilopen heran. Die Sonne macht sich schon bereit zum farbenprächtigen Abgang, als wir zurückkommen. Neugierig wie ich bin, möchte ich einen Blick in den Karton mit dem Fischfang unseres Polers werfen. Als ich mich dem ausgehöhlten Baum nähere, sehe ich, wie sich ein Schwanz aus dem Kasten stielt. Ich denke noch lächelnd: *Oh, ein Äffchen!,* und verfolge das geschmeidige Ende mit Blicken. Dieses wird allerdings immer länger und länger, bis ich schließlich wie angewurzelt stehen bleibe, weil mir dämmert, dass es sich hier keinesfalls um ein possierliches Tierchen, sondern vielmehr um eine Schlange handelt. Und tatsächlich: In der nächsten Sekunde ist die Schwarze Mamba auf dem Baum und zieht sich mit ihren mehr als zwei Metern Körperlänge in den hohlen Teil zurück. Makalikali ist sofort furchtbar in Sorge. Wir teilen unser Camp nun also mit einer Mamba. Da der Reißverschluss seines Zelts kaputt ist, rückt er es vorsichtshalber weit vom Baum weg. Fortan sind wir nur noch mit Taschenlampe unterwegs. Scherzhaft erkundige ich mich, wie viel Zeit mir nach einem Biss geblieben wäre. Makalikali konstatiert lakonisch: „Zehn Minuten."

Okay, also nicht genug, um den Nachlass zu regeln. Mein Schlaf ist unruhig, und ich hoffe, dass ich in der Nacht nicht raus muss.

Elefantenbabies können direkt nach
der Geburt stehen (Kenia)

Geweckt werden wir von einer trötenden Herde
Elefanten, die durch den Fluss vor irgendetwas zu
flüchten scheint. Die Aufregung liegt noch lange
in der Luft. Später sehen wir vom Mokoro aus eine
Hyäne, die mit einem riesigen Stück Fleisch im
Maul davoneilt. Ein Marabu heftet sich in der
Hoffnung auf leichte Beute an ihre Fersen.

Wer die Nationalparks in Afrika besucht, wird irgendwann unweigerlich von dem Fieber ergriffen,
die sogenannten „Big Five" zu sehen: Elefant,
Büffel, Nashorn, Löwe und Leopard. Wir sind inzwischen im Chobe-Nationalpark unterwegs, der

nordöstlich des botswanischen Okavangodeltas liegt. Da die einzelnen Campsites auch hier nicht eingezäunt sind, schauen die Tiere zu jeder Tages- und Nachtzeit vorbei. Ein Elefant kaut direkt neben dem Waschhaus genüsslich am Ästchen eines Mopanebaums, und die Paviane warten in sicherer Entfernung, bis Homo sapiens den Tisch gedeckt hat, um sich zu bedienen. Bisweilen räumen sie auch die Mülleimer aus, um die es danach aussieht wie auf dem Schlachtfeld.

Die Vogelwelt am Chobe-Fluss ist einzigartig. Wir bekommen Besuch von einem Rotschnabeltoko, der sich außerordentlich über unsere Brotkrumen freut. Rotschnabeltokos sind bemerkenswerte Tiere: Sie brüten in Baumhöhlen, wobei das Weibchen vom Männchen mit einem Gemisch aus Lehm und Speichel eingemauert wird. So ist es während der Brutdauer darauf angewiesen, vom Männchen durch einen kleinen Spalt in der Höhle gefüttert zu werden. Das nenne ich Vertrauen. Nach etwa einem Monat verlässt das Weibchen das Nest wieder – völlig entfiedert.

In Savuti, nur einige Hundert Meter vom Camp entfernt, liegt eine Wasserstelle. Hier geben sich die Elefanten am Nachmittag ein Stelldichein. Wir sind so fasziniert, dass wir die beiden ebenfalls dort trinkenden Löwendamen zunächst gar nicht bemerken. Erst als sich ein Elefant schnaubend Platz verschafft, werden wir auf sie aufmerksam. Wir folgen den Tieren mit dem Geländewagen in den Busch, hoffend, dort auf das Rudel zu treffen. Langsam nähern wir uns. Und tatsächlich: Unter einem Baum entdecken wir ein prachtvolles Männchen. Schläfrig und offensichtlich zufrieden schenkt er uns kaum Beachtung. Die Löwenbabys liegen mitten auf dem Weg, der hier zur engen Piste wird. Zu der Gruppe gesellen sich immer mehr Weibchen, sodass wir am Ende sechzehn Tiere zählen, und schließlich verstehen wir auch, warum sich hier alle tummeln. Tief im Gestrüpp liegt ein toter Elefant auf der Seite. Wir können seine Stoßzähne erkennen. Sein Körper scheint sich jedoch zu regen. Die Bauchdecke hebt und senkt sich. Wir spähen durch unsere Ferngläser, um der Szene näher zu kommen. Zwei Löwendamen sind bis zu den Schultern in dem toten Tier verschwunden. Dieser Lion-Kill muss erst vor Kurzem stattgefunden haben. Es wird gefressen, geschlafen, die Jungen tollen umher, und das Männchen sorgt in regelmäßigen Abständen dafür, dass der Nachwuchs nicht abreißt.

Das Camp Ihaha direkt am Chobe-Fluss hat seinen eigenen Charakter. Am Mittag ziehen hier Hunderte von Pelikanen ein. Zunächst kreisen sie in riesigen Schwärmen über unseren Köpfen, um sich dann im Pulk auf der Wasseroberfläche niederzulassen. Wie sie bei der Landung die Beine baumeln lassen, gibt ein ulkiges Bild ab. Als wir auf dem Weg zur Abendsafari an der Rangerstation vorbeifahren, bekomme ich die Unterhaltung eines italienischen Touristen mit einem der Ranger mit. Er möchte wissen, welche Stelle gut ist zur Tierbeobachtung und fragt daher: „Wo ist das Tier?"

Der Ranger antwortet mit ebenso ernster Miene: „An der nächsten Kreuzung links."

Es ist kaum zu fassen, aber er soll recht behalten. Etwa drei Kilometer vom Camp entfernt sehen wir mehrere Hundert Elefanten den Fluss überqueren. Im Licht der untergehenden Sonne sehen sie noch majestätischer aus als sonst – ihre nassen Körper glänzen golden. Zu ihnen gesellen sich nach einer Weile Kaffernbüffel. Wir sind ganz fasziniert von dieser inflationären Ansammlung. Der aufgewirbelte Staub verleiht der Szene im Abendlicht eine ganz eigene Atmosphäre … aber es liegt noch etwas anderes in der Luft.

Aus dem Augenwinkel sehe ich, wie eine Löwendame zwischen den Büschen verschwindet. Wir fahren näher heran und entdecken dort ein ganzes Rudel. Die Männchen halten sich im Hintergrund, die Weibchen, die gerade einen Angriff einleiten, sitzen zwischen den Büschen in Lauerstellung. Wir sind gespannt, was passiert, und erwarten, gleich live bei einem Lion-Kill dabei zu sein, denn die Büffelherde kommt immer näher. Dann teilt sie sich, wobei die eine Hälfte genau an den Löwen vorbeipilgert, die andere hinter unserem Geländewagen. Wir sind nun von den muhenden, stampfenden Kolossen eingekreist. Die Anspannung der Löwen ist nahezu greifbar – sie warten darauf, dass sich ein Tier aus dem Schutz der Herde löst. Gleichzeitig geht die Sonne als rotglühender Feuerball unter, und die staubgeschwängerte Luft lässt ein beeindruckendes Farbenspiel entstehen. Jetzt setzen die Löwen zum Angriff an. Die Büffel gehen in Verteidigungsstellung, senken die Köpfe, die Alten voran. Im Bruchteil einer Sekunde wendet sich das Blatt. Die Leittiere der Büffelherde jagen auf die

Löwen zu und diese preschen davon, haben aber nur wenige Fluchtmöglichkeiten. So springen etwa sechs von ihnen gleichzeitig auf einen hohen Strauch in der Nähe und klettern ihn panisch empor. Die Büffel muhen, die Löwen brüllen, überall ist Staub und es wird rasch dunkel. Die Löwen sitzen in der Falle. Auch das ist der Lauf der Natur – nicht immer gewinnt der König der Tiere, manchmal behält die schiere Masse die Oberhand.

Eine Löwenmutter bringt ihr
Baby in Sicherheit (Kenia)

 Wildtier-Essenzen

Ein Argument, das ich häufig gegen einen Abenteuertrip in die Wildnis höre, ist: „Ich habe Angst vor großen Raubtieren, Schlangen oder Skorpionen." Meine Erfahrung ist, dass Tiere sehr viel häufiger flüchten, als dass man sie zu Gesicht bekommt. Safari ist deshalb ein Versteckspiel, für das man – meist im Auto sitzend – viel Geduld braucht. Nur wenige Nationalparks erlauben die Fußsafari, bei der man in der Regel dann von einem ausgebildeten Ranger begleitet wird. Wildtiere haben bevorzugte Tageszeiten, zu denen sie unterwegs sind – die frühen Morgenstunden und die Abenddämmerung sind dabei die besten Beobachtungszeiten. Falls man mal ein Tier überrascht, ist immer die Verhaltensweise am besten, die dem Tier einen Fluchtweg lässt. Wer länger im Busch unterwegs ist, lernt schnell, worauf zu achten ist. Hier ein paar Weisheiten, die uns von Förstern und Wildhütern mitgegeben wurden:

Das Camp, das als Nachtlager dient, sollte möglichst vor Sonnenuntergang angesteuert werden. Wichtig ist ein Feuer, das Tieren signalisiert: „Hier ist Vorsicht geboten!"

Nach Einbruch der Dunkelheit ist es ratsam, sich nur noch zwischen dem eigenen Schlafplatz und dem Feuer aufzuhalten.

Niemals ungeschützt einschlafen, mag die Verlockung im Schlafsack am offenen Feuer zu übernachten auch noch so groß sein.

Nachts keine Kleidungsstücke draußen lassen. Falls nötig, Schuhe vor dem Innenzelt umgedreht aufbewahren. Vor dem nächsten Hineinsteigen untersuchen, ob in der Nacht etwas hineingekrabbelt ist, wie etwa ein Skorpion.

Bei einem Zusammentreffen mit Tieren im freien Feld lautet die oberste Regel: Ruhe bewahren, stehen bleiben, abwarten.

Elefanten unternehmen gern Scheinangriffe. Wer sich dadurch nicht aus der Ruhe bringen lässt, hat von den Dickhäutern wenig zu befürchten. Sie mit dem Fahrzeug zu bedrängen oder gar zu hupen, ist hingegen eine schlechte Idee. Elefantenkühe sind besonders sensibel, wenn sie mit Jungtieren unterwegs sind. Hier ist Abstand die beste Vorsorge. In den Nationalpark keine Orangen mitnehmen, denn Elefanten lieben sie und schütteln die Quelle wie eine Glocke, um an die Süßigkeit heranzukommen.

Krokodile sind in fast allen Seen und Flüssen anzutreffen – beim Wasserschöpfen, beispielsweise für die abendliche Dusche, also äußerste Vorsicht walten lassen. Nicht in unbekannten Gewässern baden und bei Bootsfahrten niemals Hände oder Füße über die Kante baumeln lassen.

Vor Kaffernbüffeln und Nashörnern kann man sich schützen, indem man auf einen Baum klettert. Ansonsten flach auf den Boden legen und tot stellen.

Angreifenden Löwen direkt in die Augen sehen, dann langsam den Rückzug antreten, notfalls auch hier auf den Baum klettern. Es gibt nur wenige Populationen von Löwen, die auf Bäume steigen.

Einem Leoparden hingegen niemals direkt in die Augen sehen – der fühlt sich davon provoziert. Und auf den Baum klettern hilft in diesem Fall leider auch nicht, denn der Leopard ist ein guter Kletterer und transportiert sogar seine Beute auf Bäume. Die gute Nachricht ist aber, dass Leoparden eigentlich nur nachts jagen.

Für den Schlangennotfall vorsorglich mit einem Stock unterwegs sein und bei einem Aufeinandertreffen Lärm machen. Töne und Vibration führen zu Fluchtverhalten. Nicht mit dem Finger in Höhlen herumbohren oder neugierig in herumstehende Kartons glotzen.

Nilpferde sind eigentlich gemütliche Tiere, zeigen aber ein ausgeprägtes Revierverhalten. Achte also darauf, wo sie sich aufhalten. Zu Wasser (in dem du hoffentlich ohnehin nur mit Boot unterwegs bist – siehe Punkt Krokodile) hilft es, mit dem Ruder auf die Oberfläche zu schlagen. Dann schauen sie neugierig auf und du kannst sie umfahren. An Land gilt die Regel: Halte dich niemals zwischen dem Hippo und seinem Wasser auf.

Auto oder Zelt nachts nur im Notfall verlassen. Am besten eine etwa zwei Liter fassende, verschließbare Plastikkanne besorgen, in die man nachts pinkeln kann. Wenn du nachts trotzdem unbedingt rausmusst, dann niemals ohne Taschenlampe.

Noch einmal: Wildtiere sind gefährlich, ja – aber sie greifen Menschen in der Regel nur an, wenn sie sich bedroht fühlen. Wenn du im Auto sitzt und dich ruhig und besonnen verhältst, gibt es nichts Schöneres auf Erden, als der Natur dabei zuzusehen, wie sie ihren Lauf nimmt. Es wäre zu schade, wenn du das aus unbegründeter Angst verpasst.

In der Maasai Mara lassen sich
Wildkatzen gut beobachten (Kenia)

Die weiße Samburu

W ir rollen bei sengender Hitze zum Straßenrand hin aus. Mehrere rote Warnlampen unseres Expeditionsmobils schlagen gleichzeitig Alarm.

Wir sind unterwegs zum größten Binnengewässer Kenias, dem Turkana-See – er liegt abgelegen, ganz im Norden des Landes an der Grenze zum Südsudan und zu Uganda. Wer die Filme „Der ewige Gärtner" oder „Craters of the Moon" gesehen hat, kennt die Kulisse.

Ich plädierte dafür, diesen Ausflug zusammen mit anderen Reisenden in zwei Fahrzeugen zu unternehmen, aber Stefan hat uns und dem Land Rover die Tour in das zu dieser Jahreszeit staubig-trockene Gebiet zugetraut. Den letzten Ort mit Infrastruktur haben wir vor Stunden hinter uns gelassen.

Ein Blick unter die Motorhaube zeigt schnell, wo das Problem liegt: Die Wasserpumpe ist defekt. „Wenn ihr Glück habt, begegnet euch unterwegs der Lastwagen, der den Trockenfisch vom Turkana-See in die Stadt bringt", hatten sie in Maralal gewitzelt. „Der kommt etwa einmal pro Woche."

Bevor die Stresshormone völlig die Kontrolle über meinen Körper übernehmen, kann ich tatsächlich diesen Laster, der bis über die Schmerzgrenze hinweg mit totem Fisch beladen ist, am Horizont ausmachen. Was für ein Glück! Bei uns angekommen hält der Fahrer den Transporter an. Obenauf sitzen etwa ein Dutzend Einheimische und mein Schutzengel. Er lächelt verschmitzt, schlägt aufgeregt mit den Flügeln und deutet auf den Mann neben sich. Diesmal ist er offenbar vorbereitet. Der Mann steigt ab und wirft einen fachmännischen Blick in den Motorraum unseres Reisemobils. Er verrät uns, dass er Josef heißt und Automechaniker ist – mit Land Rover kenne er sich aus und er könne unsere erste Analyse bestätigen: Die Wasserpumpe ist hinüber. Für uns geht es also erst mal nicht weiter, denn eine Ersatzwasserpumpe haben wir nicht dabei. Da die nächste Werkstatt eine Tagesreise von hier entfernt ist, überlegt Stefan, kurzerhand auf den Lastwagen zu springen und mitzufahren. Bei der Vorstellung bekomme ich Schnappatmung. „Du wirst mich doch hier nicht zwei Tage allein zurücklassen?"

Josef bietet sich an, die Wasserpumpe zu kaufen und uns zu bringen – schlimmstenfalls muss er eben bis Nairobi, um sie zu organisieren. Vorlegen kann er die Unkosten für Transport, Übernachtung und Pumpe aber natürlich nicht, also übergeben wir ihm etwas zögerlich den Gegenwert von etwa zweihundert Euro in kenianischen Schilling und tauschen Mobilfunknummern aus – was bleibt uns auch anders übrig.

Er steigt wieder auf den Berg Trockenfisch und der Lastwagen verschwindet in einer Staubwolke. Wir stehen etwas belämmert neben unserem Fahrzeug und überlegen, wie wir hier am besten ausharren.

Wie aus dem Nichts tauchen plötzlich zu Fuß mehrere Personen auf und stellen sich als Bewohner von Marti vor, einer kleinen Siedlung in der Nähe. Neuigkeiten über liegen gebliebene Touristen verbreiten sich hier offenbar mit dem Wind. Die Männer erkundigen sich besorgt danach, was wir jetzt vorhaben. „Hier könnt ihr auf keinen Fall bleiben! Es gibt Streit zwischen den Volksstämmen der Samburu, Turkana und Pokot." Es geht um gestohlene Rinderherden. Die Auseinandersetzung wird mit Waffengewalt ausgetragen – kein Hirte ist unbewaffnet. „Wir können nicht verantworten, dass ihr in eine Schießerei hineingeratet."

Und so organisieren sie weiß der Himmel woher einen klapprigen älteren Bruder unseres Land Rovers, mit dem man uns nach Marti schleppt, genauer gesagt in den Innenhof von Hassans Checkpoint Café.

Gestrandet im Checkpoint Café (Kenia)

Gelegentlich, wenn tatsächlich einmal Fahrzeuge hier Halt machen, gelingt es Hassan und seiner Familie, ein paar warme Getränke zu verkaufen. Bei Hassan ist alles warm: der Tee, der Kaffee … auch die Softdrinks. Er träumt davon, sich ein zweites Solarpanel zu kaufen, um damit einen Kühlschrank zu betreiben. „Dann mache ich bestimmt bessere Geschäfte." Davon ist er überzeugt. Die erste und aktuell einzige Solarzelle lädt eine Autobatterie, über die den lieben langen Tag ein Radio betrieben wird, aus dem Black Music das ganze Dorf beschallt.

Gleich nach unserer Ankunft werden wir in seine gute Stube gebeten. Mir ist einmal mehr peinlich, wie verstaubt und verschwitzt ich bin. Doch im Wohnzimmer der Familie werden wir nicht wie Gestrandete, sondern wie Gäste behandelt. Es ist makellos sauber, obwohl in der Umgebung alles andere mit einer dicken Staubschicht überzogen ist. Das Mobiliar besteht aus zwei Schränken, einem Couch- und einem Nähmaschinentisch sowie zwei Sofas. Alle Oberflächen sind mit Stickdeckchen ausgelegt. An der Wand hängt ein Poster, auf dem eine Luxuswohnung im Grünen abgebildet ist, darunter steht: „It's the simple things in life that make you happy."

Während wir uns mit Hassan unterhalten, sind seine Frau und die Kinder aus der angrenzenden Küche zu hören. Der Tee schmeckt eigentümlich nach Holzkohlefeuer und Ziegenmilch, ist aber sehr lecker, dazu wird Gebäck gereicht, das sich Ma-andazi nennt. Dessen Anblick wird mich von nun an immer an Hassan und seine Familie erinnern.

Für das Abendessen wird dann auch noch das einzig verbliebene Huhn geschlachtet. Wäre uns das bewusst gewesen, hätten wir vehement protestiert. Als das Tier schmackhaft zubereitet vor uns liegt, nehmen wir ein paar kleine Happen, wohl wissend, dass der Rest der Familie erst zugreifen darf, wenn der Hausherr und wir fertig sind.

Stefan würde gern mit unserem Mechaniker telefonieren, um zu hören, ob wir unser Geld schon abschreiben können oder ob es Hoffnung auf ein Ersatzteil gibt. Ich schäme mich immer wieder für diese Gedanken. Zweihundert Euro sind ein halbes Jahresgehalt für die Menschen in diesem Teil der Erde, in dem es ohnehin nur wenige Jobs gibt. Ich könnte Josef sogar verstehen, würde er mit der Kohle einfach verduften.

Der Mobilfunkempfang in Marti ist auf einen Hügel beschränkt, wobei wir auch dort nur mit ausgestrecktem Arm einen Balken an Netz haben. Erstaunlich, dass das Gespräch nach mehreren Fehlversuchen dennoch zustande kommt. Der Mechaniker ist in Maralal angekommen, aber es ist zu spät, um jetzt noch nach Ersatzteilen zu fragen. Er melde sich morgen, sagt er.

Als wir zurückkommen, trägt Hassans Familie gerade Matratzen in die Küche. Für ein separates Schlafzimmer fehlt der Platz. Wir ziehen uns in unsere Schlafsäcke im Land Rover zurück.

Am nächsten Morgen meldet sich Josef mit der frohen Kunde, dass er die Wasserpumpe bekommen hat. Er wird sie uns bringen – mit dem einzigen

Bus, der in den nächsten Tagen in unsere Richtung unterwegs ist. Also tun wir, was alle hier tun: Wir setzen uns auf die Veranda, lassen die Atmosphäre auf uns wirken und kommen mit den Dorfbewohnern ins Gespräch.

Es fällt auf, wie viele junge Männer zwischen zwanzig und dreißig Jahren hier abhängen. Keiner von ihnen hat Arbeit. Stattdessen kauen sie Miraa, auch bekannt als Khat – eine Pflanze mit berauschender Wirkung, die in Kenia selbst angebaut wird. Die Männer sind schon am Vormittag in ihrer eigenen Welt versunken. Dass es Anreize für Unternehmer bräuchte, um Jobs zu schaffen, kann man hier niemandem erklären. Die Menschen setzen ihre Hoffnungen auf den Staat, der allerdings nur Soldaten oder Polizisten einstellt. Vor vier Tagen fand im Dorf Baragoi eine Musterung statt. Konstantin wurde ein Vertrag angeboten – bei seinen Kumpels ist er jetzt der Held. Walter hingegen hat ganz andere Träume. Er zeigt mir die Texte von mindestens dreißig Liedern, die er selbst geschrieben hat. Rapper möchte er werden, seine Musik in einem professionellen Studio aufnehmen.

Aus traditioneller Sicht wird von diesen jungen Männern erwartet, dass sie vor Erreichen ihres dreißigsten Lebensjahrs verheiratet sind und Kinder haben. Viele fragen uns, ob wir nicht ein Foto machen können, um es meinen Freundinnen zu Hause zu zeigen. Eine deutsche Ehefrau würde sie mit einem Schlag vom gesellschaftlichen Druck befreien. Dass dies funktionieren kann, wissen hier alle jungen Männer – spätestens seit Corinne Hoffmanns „Die weiße Massai". Das Dorf, in dem sie lebte, liegt nicht weit von hier. Ein alter Mann schüttelt sich vor Lachen über den Buchtitel. Eigentlich hat Corinne nämlich einen Samburu geheiratet, aber Weiße kennen von Kenia nur die Massai. So verkaufe sich das Buch besser, vermutet er. Ich denke an meine Freundinnen zu Hause und kann mir keine von ihnen als „weiße Samburu" vorstellen. Die Fotos machen wir trotzdem.

Ein großer LKW mit dem Schriftzug der UN hält am Straßenrand. Die Lieferung kommt einmal monatlich. Säcke mit Zucker, Maismehl und Soja werden abgeladen, außerdem mehrere Kanister Speiseöl. Alles trägt die Aufschrift „*USAid – do not sell or trade*".

Die Mitglieder der Samburu und der Turkana können sich an den beiden provisorischen Verteilstationen festgelegte Rationen abholen. Die Größe orientiert sich dabei an der Zahl der Familienmitglieder. Eine sehr alte Samburu ist mit einer Schubkarre gekommen. Sie ist groß und schlank und trägt den typischen mit bunten Perlen besetzten Halsschmuck ihres Stammes. Doch so selbstbewusst aufrecht die Haltung ist, so wenig Kraft hat sie in den Armen. Das Gewicht der Ration für ihre Familie ist so groß, dass sie die Karre kaum schieben kann. Nachdem sie auf wenigen Metern mehrfach abgesetzt hat, bekommt sie einen Tobsuchtsanfall und schickt eine wütende Tirade in Richtung einiger gelangweilt herumsitzender junger Männer. Haben sie gerade noch Miraa kauend keinen Finger gerührt, wirkt die Schelte umgehend. Einer geht zu ihr – wenn auch in Zeitlupe –, umfasst die Griffe der Schubkarre und schiebt diese ohne Mühe in die Richtung, in die die alte Frau deutet. Die Familien nehmen ihre Lebensmittel nicht mit nach Hause, sondern lagern sie in einem Steinhaus in Marti ein. Das sichert die Ware vor Übergriffen. Die Verteilung der Rationen dauert den ganzen Tag.

Die hier Lebenden sind auf die Waren angewiesen. Doch scheint Marti ein blinder Fleck auf der kenianischen Landkarte zu sein, denn sobald es weiter südlich unruhig wird, kommen hier oben keine Lastwagen mehr durch. Dann greifen die Samburu auf ihre traditionelle Überlebensstrategie zurück: ein Energie spendendes Getränk aus Ziegenmilch und Ziegenblut. Die Ziege wird dabei zur Ader gelassen, denn auf die kurzsichtige Idee, sie zu töten und zu essen, kommt hier niemand.

Eigentlich müsste der Bus längst da sein. Stefan und ich werden langsam nervös, doch die Umstehenden beruhigen uns. „Es kann alle möglichen Gründe haben, dass der Bus sich verspätet: Platzregen, unpassierbare Stellen, eine Panne."

Warten war noch nie meine Stärke. Aber schließlich werden auch einige Dorfbewohner unruhig. Sie wollen heute noch weg hier. Da es inzwischen dunkel geworden ist, macht sich ein kleiner Trupp zu Fuß auf zum Stadtrand, um zu schauen, ob die Scheinwerfer in der Ferne auszumachen sind. Irgendwann Freudenschreie: „Der Bus kommt!"

Ich habe mich noch nie so über ein öffentliches Verkehrsmittel gefreut ... und dann das: Eine Handvoll Leute steigt aus, aber kein Josef! Stefan ist am

Boden zerstört. Hat er nur geblufft? Oder ist ihm unterwegs was zugestoßen?

Als der Bus schon lange weg ist, kommt ein einsamer Mann die Straße entlanggelaufen. Unser Josef! Er dachte, wir wären vielleicht bei der Polizeistation außerhalb untergekommen. Er konnte ja nicht wissen, dass wir abgeschleppt und bereits so freundlich in die Dorfgemeinschaft integriert wurden. Josef sieht sehr müde aus. Wir bedanken uns überschwänglich für seinen Einsatz, und es ist keine Frage, dass Hassan unserem Josef heute Nacht eine Matratze anbietet.

Am nächsten Morgen ist Stefan so aufgeregt, dass er noch vor Sonnenaufgang aufsteht und das Werkzeug parat legt. Ich komme gar nicht aus dem Schlafsack, weil mich eine Migräneattacke niederstreckt. Josef und Stefan sind sich sehr ähnlich, arbeiten konzentriert Hand in Hand und verständigen sich ohne große Worte. Die neue Wasserpumpe sieht etwas anders aus, ist offenbar ein Nachbau, aber sie passt. Ich krieche erst aus dem Auto, als die Reparatur schon beendet ist.

Josef blättert uns das Wechselgeld seiner Ausgaben auf den Schilling genau hin. Wir müssen sehr lange auf ihn einreden, dass er den Lohn für die verrichtete Arbeit annimmt. Und auch Hassan ist fast schon beleidigt, als wir ihm etwas Geld für seine zweite Solarzelle zustecken. Dann umarmen wir gefühlt das ganze Dorf und verabschieden uns in Richtung Turkana-See.

Die Landschaft wird wüstenhaft, und wie zum Beweis dafür stehen im Ortskern von South Horr

mitten auf der Straße Kamele. Der Geländewagen
fühlt sich hier wie zu Hause. Weißer, gelber und
roter Sand wechseln sich ab. Wir gleiten leise dahin. Zwischen roten Dünen lugt schwarzes Vulk-
angestein hervor. Dann verschwindet auch der
Sand und zurück bleibt nichts als Geröll, sowohl
in der Landschaft als auch auf der Piste. Das ist
anstrengend. Für die letzten fünfundzwanzig Kilometer bis Loiyangalani brauchen wir zwei Stunden.

Traumhafte Landschaft,
aber anstrengend zu fahren (Kenia)

Am Turkana-See (Kenia)

Dann können wir den ersten Blick auf den See werfen, der uns für alles entschädigt. Die dunkelrote Farbe des groben Gesteins geht in das strahlende Blau des Wassers über, das in seinen Ausmaßen bis in die Unendlichkeit zu reichen scheint. Zwischen den Gesteinsbrocken recken dürre, weiße, blattlose Bäume ihre Äste gen Himmel. Ich beginne zu verstehen, warum sich Regisseure diese Kulisse für Filme aussuchen.

Das Stadtbild von Loiyangalani wird dominiert von Rundhütten, die wegen den vom See her einfallenden Winden in Senken stehen. In diesem Ort dreht sich alles um den Fischfang. Es herrscht munteres Treiben. Manche Fischer flicken ihre Netze, andere bauen gerade neue Holzboote, wieder andere legen den Fang aus der Nacht – hauptsächlich Tilapia und Nilbarsch – zum Trocknen aus. Die Menschen, die wir hier kennenlernen, gehören zum Volksstamm El Molo. Ihre Kleidung ist nicht ganz so farbenfroh wie die der Samburu und der Turkana, aber vor allem die Frauen tragen üppigen Halsschmuck. Auffällig ist, wie viele von ihnen krumme Beine haben – eine Folge von Vitaminmangel durch einseitige Ernährung. Überall wuseln Kinder herum. Manche trauen sich in unsere Nähe, andere verziehen bei unserem Anblick angstvoll das Gesicht.

Wir machen einen Ausflug zu einer Felsformation, an der es frühzeitliche Malereien geben soll. Weil wir die Stelle vermutlich nicht allein finden werden, nehmen wir einen Guide mit. Nach einer Kletterpartie über große Steine hinweg kommen wir tatsächlich bei einem Felsblock an, der mit Zeichnungen übersät ist. Diese verraten, dass es auch hier einmal Giraffen, Zebras und Schildkröten gegeben hat. Schwer vorstellbar, wenn ich mich in dieser Mondlandschaft umsehe, die wie ein hingeworfenes Tuch in leichten Wellen zum Turkana-See hin abfällt.

Ein Stück weiter halten wir an einer Quelle. Unser Guide füllt mehrere Kanister mit „Heilwasser", wie er sagt – mich bringen keine zehn Pferde dazu, diese trübe Brühe zu trinken. Auf der Rückfahrt ins Dorf rüttelt und schüttelt es die Kanister auf unserem Autodachträger so durch, dass sich einer öffnet und seinen Inhalt durch das offene Dachfenster über mich ergießt. So werde ich schließlich doch noch gesegnet. Wer weiß, wofür es gut ist …

Zeit für den Heimweg. Wir müssen dieselbe Strecke wieder zurück, die wir gekommen sind. Das bedeutet auch, dass wir bei unseren Freunden in Marti noch einmal vorbeischauen können. Frohen Mutes brechen wir auf und sehen wenig später über der Savannenlandschaft vor South Horr eine kleine Passagiermaschine am Himmel kreisen. Schließlich ist sie nur noch in dieselbe Richtung unterwegs wie wir, verliert rasch an Höhe und ist bald direkt hinter uns, nur noch knapp über unseren Köpfen. Ich fühle mich an 9/11 erinnert, auch wenn mir nicht einleuchten will, warum ausgerechnet uns ein Flugzeug auflauern sollte. Der Pilot steuert mit einem Mal auf ein angrenzendes Feld zu und landet die Maschine, die auf dem unebenen Grund noch ein paarmal auf und ab hoppelt. Wir halten an, um zu beobachten, was passiert. Vielleicht braucht ja jemand Hilfe … auch wenn das

Ganze nicht nach Notlandung aussieht. Zielsicher lenkt der Pilot die Maschine hinter eine Gruppe höherer Büsche, sodass von der Piste aus nichts mehr von ihr zu sehen ist. Schmuggler? Was immer dieses Manöver zu bedeuten hat, fest steht: Die wollen keine Zaungäste. Wir sehen also zu, dass wir wegkommen. Weit schaffen wir es allerdings nicht, denn eine Begleiterscheinung unseres Überschlags macht sich bemerkbar. Etwa alle sechstausend Kilometer verlieren wir die Schrauben der rechten Hinterachsenaufhängung. Um nicht auch noch den Reifen zu beschädigen, müssen wir sofort anhalten und die Schrauben ersetzen. Bis das erledigt ist, dämmert es bereits, und so erreichen wir Marti erst mit dem letzten Tageslicht. Fröhlich-erleichterte Gesichter erwarten uns schon — sie haben hier offenbar die Tage gezählt und sich gefragt, wann wir wiederkommen oder ob uns gar etwas zugestoßen ist. Wir feiern eine ausgelassene Party mit unseren neuen Freunden. Es wird spät in dieser Nacht.

 Pannen-Essenzen

Ebenso wichtig wie die Frage nach der Reiseapotheke ist die Beschäftigung mit dem mitgeführten Ersatzteillager für das Geländefahrzeug. So individuell die Beschwerden der Reisenden sind, sind in der Regel auch die Wehwehchen ihres 4x4-Fahrzeugs. Der eine hat Probleme mit dem Fahrwerk, der andere mit dem Motor, der Dritte mit dem Innenausbau. Man kann es zwar machen wie die Globetrotter aus grauer Vorzeit, die im Bodenzelt schliefen und auf der Pritsche einen Kasten Bier sowie einen Ersatzmotor transportierten – sinnvoller ist aber, sich vor Abreise zu überlegen, welche Ersatzteile wirklich wichtig sind. Für die Autoapotheke gilt dasselbe wie für die Reiseapotheke: weniger ist mehr.

Das Äquivalent zum Verbandskasten ist ein gut ausgerüsteter Werkzeugkasten. Hier eine Billigvariante zu wählen, wäre Sparen am falschen Ende. Die Sachen sollten mehrere Einsätze unter stressigen Bedingungen gut überstehen können.

Zudem hat jedes Fahrzeug Eigenheiten, die besonderes Werkzeug erfordern. Wer schon einmal das Getriebeöl an einem Land Rover abgelassen hat, weiß das. Das Getriebe ist leer (Ablassschraube ist ein normaler Vierkant), aber den Vielzahn für die Einfüllschraube hat man nicht dabei – Ende des Fahrvergnügens. Ich empfehle daher, sich schlauzumachen und vor der Abreise alles Nötige zusammenzutragen.

Da die wenigsten von uns Automechaniker sind oder das Werkstatthandbuch auswendig können, sollte dieses auf jeden Fall mit ins Gepäck, auch wenn man sich im Ernstfall wie ein Anfänger vorkommt. Die dort vermerkten

Spezifikationen sind aber auch für die Mechaniker im Reiseland hilfreich, die die Marke vielleicht nicht wie ihre Westentasche kennen.

Keilriemen, Filter für Luft und Öl sowie Dichtungen, Buchsen und Rad- oder Achslager sind Ersatzteile, die mehr oder weniger regelmäßig ausgetauscht werden müssen. Darüber hinaus lohnt es sich, über wagenspezifische Flüssigkeiten wie Motor- und Getriebeöl oder Bremsflüssigkeit nachzudenken.

Wer sein Auto gut kennt, weiß um seine Schwachstellen. Ich zum Beispiel breche mit Landy nie mehr ohne Wasserpumpe und M10er-Schraubenset auf. Bei der letzten Tour haben wir die Ersatzteile übrigens so gut verstaut, dass wir das halbe Auto ausräumen mussten, um dranzukommen, wobei das zweite Radlager verschollen blieb – es tauchte erst zu Hause wieder auf. Ergo: Nicht nur das Was, sondern auch das Wo ist eine Überlegung wert, erst recht, wenn der Wagen für die Langzeitreise vorher extra ausgebaut wird. Wie eingangs schon erwähnt: Schwere Gegenstände unbedingt nach unten, damit das Auto seine Stabilität behält.

Die Anzahl der mitgeführten Autoteile sollte man unter dem Aspekt, dass es auch im Ausland Werkstätten gibt, in denen man Teile bekommt, die baugleich oder zumindest hinreichend ähnlich sind, mit Bedacht wählen. Wir hatten selbst in Gegenden fernab der Zivilisation nie ein Problem. Mitten in der

Sahara haben wir über Mittelsmänner einen Deal mit dem Militär eingefädelt (Einspritzpumpe), im Bushmanland in Ostafrika wurde die benötigte Dichtung mit der Machete aus einem LKW-Reifen geschnitzt. Irgendwas geht immer.

Und für den unwahrscheinlichen Fall, dass im Reiseland mal gar nichts zu machen ist, gibt es immer noch den Postweg. Man kann sich über Freunde oder je nach Reiseziel sogar vom ADAC Teile zuschicken lassen.

Eine Frage, die uns häufiger gestellt wird, ist die nach der Bereifung. Zum Thema Ersatzrad habe ich eine klare Haltung: Eines muss genügen. Das spart nicht nur Gewicht, sondern hält mich auch dazu an, nicht allzu riskant zu fahren. Auf meinen Reisen hatte ich bislang nur eine nennenswerte Reifenpanne, und die auch nur, weil eine Zündkerze auf der Straße lag, über die wir dann gefahren sind. Bei den Felgen scheiden sich die Geister. Wer es leichter mag, wählt Alu, die Stahlfelge ist schwerer, aber dafür auch stabiler. Größere Räder haben den Vorteil, dass man sie mit weniger Druck fahren kann, was die Wahrscheinlichkeit erhöht, dass man ohne Panne durchkommt. Der Nachteil liegt allerdings im massebedingt höheren Verschleiß an Buchsen und Lagern. Als Faustregel für den Reifendruck gilt übrigens: auf der Straße höher, über Geröll mittelmäßig und bei Sand gering.

Traue keinem Fetisch

Das Dorf liegt im Dunkeln, die meisten schlafen, ein Baby schreit, ab und an bellt ein Hund. Im Schein der Mondsichel huscht eine Gestalt über den staubigen Pfad. Hier und da bleibt sie vor einer Hütte stehen, murmelt vor sich hin, lässt etwas fallen. Sie verschwindet so lautlos, wie sie gekommen ist, bleibt unbemerkt.

Der folgende Tag ist geprägt von reger Geschäftigkeit: Wasser holen, Feuer entfachen, Hirse stampfen, die Felder bestellen; die tägliche Routine nimmt ihren Lauf. Doch etwas hat sich verändert. Der kleine Napo geht nicht zur Schule – er hat Durchfall. Die alte Delali sitzt nicht wie gewohnt vor ihrer Hütte – sie ist zu schwach, um aufzustehen.

Die Fälle mysteriöser Krankheiten im Dorf häufen sich, und irgendwann taucht einer auf, der Heilung verspricht. Er ist in Voodoopraktiken unterwiesen und versteht sein Handwerk. Die Leute spenden ihm Geld und werden gesund ... Aber seine Kunst ist von Falschheit geprägt. Er kennt die Flüche, die auf den Menschen lasten, denn er hat sie selbst ausgesprochen. Das ist sein Businessmodell: gegen Gebühr etwas zu neutralisieren, was er selbst angerichtet hat. Er ist ein Meister der Schwarzen Magie.

Auch wenn uns diese Geschichte von einem afrikanischen Freund erzählt wurde und wir sie nicht überprüfen können, so ist Voodoo wohl nirgendwo in Afrika so lebendig wie in Togo und Benin, wo er geboren wurde – auch heute noch. Da man bei uns darüber nur als Hokuspokus hört, sind wir hergekommen, um uns selbst ein Bild zu machen und gehen offen an die Sache heran.

Wir sind am Tempel mit einem Medizinmann verabredet. Er begrüßt uns mit den Worten: „Versucht nicht, den Voodoo mit dem Verstand zu erfassen – fühlt stattdessen sein Wesen in eurer Seele. Wenn euch das gelingt, habt ihr viel erreicht."

Wir lernen, dass man im Voodoo, ebenso wie im Christentum, an nur einen Gott glaubt. So erklärt sich auch, warum die doppelte Religionszugehörigkeit für Afrikaner kein Widerspruch ist. Im Unterschied zum Christentum kann sich Gott im Voodoo jedoch in Form verschiedener Geister manifestieren, und um zu wirken, kehrt er nicht nur in Lebewesen ein, sondern auch in Gegenstände, Fetische genannt. Diesen Fetischen kommt viel Aufmerksamkeit zu – Opfergaben sind keine Seltenheit.

Maria und Josef auf dem Tisch, der Fetisch darunter; das ist Alltag in Togos Hütten.

Dem Priester ist es wichtig, dass wir seine Funktion verstehen. Er hat sich diesen Job nicht ausgesucht, er wurde dazu bestimmt. Er sieht seine Aufgabe darin, seine Schutzbefohlenen vor Unheil und Krankheit an Körper und Seele zu bewahren.

Gemäß seiner Lehre gibt es nur zwei Formen von Krankheit: die mit natürlicher Ursache und die, die durch einen Fluch verursacht wurde. Er würde sich sehr gern auf die Seelenarbeit und die Medizin konzentrieren, aber durch die immer noch lebendige Schwarze Magie muss er sich oft mit Flüchen und Verwünschungen auseinandersetzen.

Zum Abschied übergibt er uns Fetische, die uns auf der weiteren Reise beschützen sollen. Im Nachhinein habe ich mich oft gefragt, ob das die erste schicksalshafte togolesische Begegnung war.

Medizinmann in seiner Hütte (Benin)

Die zweite ihrer Art nimmt in einem nicht gerade charismatischen, von Betonwänden umfriedeten Innenhof ihren Anfang. Wir sind in Lomé, der Hauptstadt Togos, die am schmalen Küstenstreifen liegt. Nach neun Monaten Reise haben wir West-afrika erreicht. Die vielen Tausend Kilometer haben uns bereichert, aber auch beansprucht. Wir brauchen dringend eine Pause. Das „Chez Alice" ist dafür perfekt. Die Unterkunft ist in der Szene der Transafrikareisenden eine wahre Institution. Alice war Schweizerin und gab den Pionieren der Kontinentdurchquerung jahrzehntelang ein Zuhause auf Zeit. Hier können wir duschen, Wäsche waschen, Rösti essen, abendliche Musikaufführungen anschauen … aber was das Wichtigste ist: Wir haben die Gelegenheit uns mit anderen Reisenden auszutauschen. Diejenigen, die „von oben" kommen, stürzen sich auf uns, weil sie Fragen zu Grenzübertritten, Straßenqualitäten, Übernachtungsplätzen und Nationalparkgebühren weiter südlich haben. Wir „von unten" freuen uns über Tipps zu Reiserouten und erlebnisreichen Zielen für die Strecke, die noch vor uns liegt.

Oliver sagt: „Wir haben gerade ein interessantes Projekt besucht, hauptsächlich Deutsche, die vor ein paar Jahren nach Togo ausgewandert sind. Die Philosophie, nach der sie leben, ist spannend: Sie wollen so weit wie möglich zurück zur Natur, also wenig Elektrizität, altes Handwerk, Tierzucht. Das Ganze hat, so wie wir es verstanden haben, auch einen spirituellen Kern, aber für Besucher nicht aufdringlich."

Das lässt mich aufhorchen. Menschen mit alternativen Philosophien faszinieren mich, denn auch ich habe mir inzwischen eine Weltanschauung angeeignet, die nicht mehr ganz vereinbar ist mit der Religion, in der ich sozialisiert wurde. Daher möchte ich das Projekt sehr gern kennenlernen.

Wir verabschieden uns von unseren neu gewonnenen Freunden bei Alice und machen uns auf in

Richtung der Gemeinschaft Eteka Dja – so heißt die Gruppe, von deren Aufenthaltsort wir nur eine vage Vorstellung haben, denn Olivers Wegbeschreibung ist nicht sehr detailliert. Nachdem wir uns mehrfach verfahren haben, verliert Stefan die Lust. Er sitzt seit Stunden am Steuer, hat rasende Kopfschmerzen. In diesem dicht besiedelten Gebiet können wir allerdings nicht bleiben, also starten wir einen letzten Versuch. Wie mein Leben wohl verlaufen wäre, wenn wir statt links abzubiegen einfach geradeaus weitergefahren wären?

Tatsächlich: Diesmal erreichen wir unser Ziel, das hinter einem großen eisernen Tor liegt. Nach der Anmeldung müssen wir uns noch ein wenig gedulden, bis wir eingelassen werden, dann aber sind wir rasch von gleich mehreren Erwachsenen samt Kinderschar umringt, die uns freudig begrüßen.

Die Gruppe ist gemeinsam aus Deutschland eingewandert und hat in den zurückliegenden Jahren ein Stück westafrikanischen Buschs in ein kleines Dorf verwandelt. Es gibt eine Krankenstation, in der sie die Lokalbevölkerung versorgen, eine Schule für togolesische Kinder, von denen sie fünfzig adoptiert haben, und sie bieten Unterkünfte für Durchreisende. Wir werden eingeladen, zu bleiben, und staunen über das, was hier in nur knapp vier Jahren aufgebaut wurde.

Zum täglichen Ritual gehört der Besuch des hoch auf dem Hügel errichteten Meditationshauses in den frühen Morgenstunden. Der Kern der Gruppe besteht aus einer Großfamilie, der sich andere angeschlossen haben, und ihr spiritueller Führer heißt Jürgen. Es besteht kein Zweifel, dass im Grunde er allein bestimmt, wo es langgeht. Ich erlebe ihn aber nicht als sektierenden Guru, sondern eher als Leitfigur. Über lange Krankheit hat er zu einer Art innerem Wissen gefunden, das er nun anderen zur Verfügung stellt. Dabei unternimmt er bei uns keine missionarischen Versuche, schon aus dem Grund, weil er keine Religion zu verkaufen habe, wie er sagt. Die sei ihm – der einmal Diakon werden wollte – inzwischen zuwider.

In der Zeit, in der wir zu Gast sind, führen wir viele anregende Gespräche. Die Gruppe fasst den Kern ihrer Überzeugung so zusammen: Uns alle drängt es zum inneren Licht. Diejenigen, die die schöpferische Liebe in sich fühlen können und auch weitergeben, empfinden echte Zufriedenheit. Unser Ziel ist es, zur Quelle, in der die Liebe in ihrer reinsten Form existiert, zurückzukehren. Damit kann ich durchaus etwas anfangen. Bei Stefan, dem rationalen Informatiker, der für alle Thesen Beweise einfordert, bin ich mir da aber nicht so sicher. Tja ... ich täusche mich. Nach drei Tagen, in denen er fasziniert die vielen Projekte des Teams bestaunt, möchte er am liebsten für mehrere Wochen bleiben.

Wir reisen nach keinem festen Zeitplan, und auch wenn wir den Land Rover diesmal nach Hause bringen wollen, zwingt uns niemand zum Aufbruch. Allerdings vernehme ich sehr deutlich eine innere Stimme, die mich zur Vorsicht mahnt und darauf drängt, nach einigen Tagen wieder aufzubrechen. Stefan ist sehr traurig, als wir uns schon von den Gruppenmitgliedern verabschieden, und Jürgen gibt uns die nächsten Fetische mit. Sie sollen Dämonen vertreiben.

Es dauert noch drei Monate, bis wir wieder zu Hause in Deutschland ankommen. Unseren Freunden erscheinen wir verändert. Stefan geht das Togo-Projekt nicht aus dem Kopf, und so kommt es, dass er die erste Gelegenheit beim Schopf packt und für drei Wochen dort eincheckt. Ich habe gerade erst wieder eine Arbeitsstelle angefangen und kann nicht mitkommen.

Nach seiner Rückkehr ist er Feuer und Flamme für die naturnahe Lebensweise. Mich verwundert das nicht – er liebt es, draußen zu sein, und körperliche Anstrengung hat ihn noch nie abgeschreckt. Außerdem hadert er mit seinem Job. Daher scheint mir die Idee, die er in Togo geboren hat, recht vernünftig. „Ich reduziere meine Arbeitszeit auf achtzig Prozent. Die zwanzig Prozent Freizeit nehme ich am Stück. Zusammen mit den Urlaubstagen kommen so leicht drei Monate zusammen." Das Konzept fasziniert mich sogar regelrecht, denn ich liebäugele seit der Reise mit der Selbstständigkeit. Freie Zeitgestaltung ist eines meiner Ziele und ich möchte häufiger reisen. Aber Stefans Reiseziel für die erste Auszeit steht schon fest. Es ist – inzwischen wenig überraschend – Togo.

Zumindest zu Beginn kann ich ihn begleiten. Als Akteurin im Gesundheitswesen finde ich vor allem die Arbeit der Gruppe in der Krankenstation bemerkenswert. Allerdings fehlt es dem Team an finanziellen Mitteln, um so zu helfen, wie sie es für richtig halten. Der Weg zum nächsten Krankenhaus ist für die meisten Afrikaner zu Fuß viel zu weit, und Transportmittel können sie sich nicht leisten. Eine lokale Krankenstation mit ausgebildeten

Krankenschwestern könnte viele Schwierigkeiten beseitigen. Ich grüble über einem Spendenkonzept, das ich zu Hause ausrollen will, recherchiere die Möglichkeiten der Gründung eines deutschen Partnervereins, sammle Geschichten und Bildmaterial, entwerfe einen Flyer und fühle mich so nicht nur dem Projekt, sondern auch Stefan wieder näher. Allerdings gibt es auch unsichtbare Barrieren. Ganze Bereiche des Dorfes sind für mich tabu, ohne dass ich die Begründung nachvollziehen kann. Hier stößt mein Verständnis der Gruppenphilosophie an seine Grenzen. Es geht um reine Energien, über die ich offenbar nicht verfüge. Meine Unvollständigkeit wird zur Gefahr für andere und ich muss mich daher innerhalb der vorgegebenen Grenzen aufhalten. So kommt es, dass ich Stefan häufig erst am Abend begegne, und während er in der Gruppe eine zweite Familie findet, fühle ich mich zunehmend selbst in Gesellschaft allein. Nach vier Wochen fliege ich mit gemischten Gefühlen nach Hause.

Als Stefan schließlich nach Deutschland zurückkehrt, kann er nicht lange mit der nächsten Stufe der Planung hinter dem Berg halten. „Ich wünsche mir, dass wir auf unbestimmte Zeit nach Togo gehen."

Er sagt zwar *wir*, aber ich kenne ihn gut genug, um zu wissen, dass er eigentlich sagt: *Ich freue mich, wenn du mit mir nach Togo gehst, aber wenn du nicht mitkommst, gehe ich allein.* Die nächsten Monate verbringe ich wie im Nebel. Wir haben dem anderen immer alle Freiheiten gelassen – das war das Erfolgskonzept unserer Beziehung zweier Individualisten. Jetzt bin ich mit meinem Latein am Ende. Ich kann ihm nicht verbieten, zu gehen, das wäre der Todesstoß für unser Miteinander. Aber ich weiß auch, dass ich in Gesellschaft dieser Menschen in Togo niemals glücklich werde. The Police summen durch meinen Hinterkopf: *If You Love Somebody, Set Them Free*.

Er fliegt, ich bleibe.

Auch diesmal mache ich einen Besuch, bei dem wir aber ohne darüber sprechen zu müssen erkennen, dass wir uns schon meilenweit voneinander entfernt haben. Da jedoch keiner von uns den Mut aufbringt, das Unaussprechliche zu sagen, fliege ich mit dunklem Herzen ein letztes Mal von Lomé nach Frankfurt.

Kurz nach unserem fünfundzwanzigsten Jahrestag beenden wir es. Am Telefon. Ich sitze auf der Couch im Wohnzimmer unseres gemeinsamen Hauses, sehe mich um und frage mich, was jetzt werden soll. Mein Schutzengel kauert mit angezogenen Beinen und hängenden Flügeln neben mir und weint die Tränen, die bei mir nicht fließen können.

 # Beziehungs-Essenzen

Man muss keinem Voodoopriester begegnen, um sich auf Reisen zu verändern. Es entspricht meiner Erfahrung, dass die meisten Langzeitreisenden durch ihre Erlebnisse und Begegnungen geformt werden und selbst dann mit anderen Einstellungen, neuen Wünschen und Träumen für die Zukunft zurückkommen, wenn sie ihr Abenteuer nicht mit diesem Anspruch angegangen sind. Ich habe Paare zusammenfinden und auseinandergehen sehen, ich kenne Menschen, die ohne Haustier aufgebrochen sind und mit einem oder gar mehreren Hunden zurückkamen. Manche haben unterwegs Kinder geboren oder Patenschaften vor Ort übernommen. Der Fleischliebhaber kommt als Vegetarier zurück, der Lebemann als politischer Aktivist. Nichts muss, alles kann. Für Beziehungen habe ich daraus folgende Schlüsse gezogen:

Das Wichtigste, wenn du mit einem Partner gemeinsam reist, ist eine offene und ehrliche Kommunikation. Ihr verbringt sehr viel Zeit miteinander, da können sich schwelende Konflikte, übertünchte Verletzungen und bisher unausgesprochene Fantasien schnell mal Bahn brechen, und dann hilft nur die Flucht nach vorn. Sieh es als Chance, denn wann, wenn nicht jetzt, ist ein guter Zeitpunkt, um an deiner Beziehung zu arbeiten und sie dadurch zu stärken.

Rechne damit, dass das Zurückkehren auch deshalb hart wird, weil dein soziales Umfeld deine Veränderung wahrnehmen und nicht unbedingt damit klarkommen wird. Möglicherweise wirst du selbst das Gefühl bekommen, nicht mehr in die alten Schablonen zu passen. Auf vieles ehemals Gewohntes hast du jetzt eine andere Sicht, vielleicht kritischer, vielleicht auch entspannter – auf jeden Fall aber einen Blick mit genug Abstand, um vieles zu hinterfragen. Mit manchen Freunden gibt es dann keine gemeinsamen Gesprächsthemen mehr, mit anderen dafür umso mehr.

Du wirst an zwischenmenschlichen Beziehungen auch deshalb andere Maßstäbe setzen, weil du durch deine Reiseerlebnisse Kulturen kennengelernt hast, die sehr offen sind. An freundliche Zusammentreffen mit Unbekannten gewöhnt man sich schnell. Die Fallhöhe zu kalendergetriebenen Freunden in hektischen Industrienationen ist groß.

Mach dir bewusst, dass es nicht nur die Zeit ist, die dich auf Reisen von deinem gewohnten Umfeld trennt, sondern auch die Summe deiner Erfahrungen. Das Positive an sozialen Medien, Videoplattformen wie Skype und Zoom und der Möglichkeit, Newsletter, Blogs oder Webseiten mit Inhalten von Unterwegs zu füllen, ist, dass du die Daheimgebliebenen ein Stück weit mitnehmen kannst. Das verringert die Distanz etwas. Die Gefahr, die darin liegt – das ist auf Plattformen wie Instagram gut zu beobachten –, ist dann aber, das Leben unterwegs zu inszenieren. Lass dir von selbsternannten Influencern nichts vormachen! Bleib dir treu, dann folgen dir deine echten Freunde bis ans Ende der Welt und wieder zurück.

Zwei Frauen auf
vier Rädern

Zum ersten Mal seit der Trennung von Stefan werde ich wieder einen Fuß auf den afrikanischen Kontinent setzen. Vier Jahre sind seitdem vergangen. Zeit, in der ich mir darüber klar werden konnte, was mir im Leben wirklich wichtig ist. Ich bin – wenig überraschend – zu dem Schluss gekommen, dass ich auf Abenteuerreisen nicht verzichten will. In meiner Freundin Lilli finde ich eine wundervolle Verbündete, denn ihr geht es ähnlich. Auch sie hat bereits jahrzehntelange Erfahrung als Beifahrerin eines Reiseduos. Auch sie ist inzwischen solo. Nun hat sie sich in den Kopf gesetzt, Afrika auf eigene Faust zu erkunden.

Am Flughafen in Frankfurt am Main gebe ich zwei Gepäckstücke nach Entebbe, Uganda auf. Eines davon ist voller Autoersatzteile für Lillis Geländewagen. Ich bin sehr aufgeregt – zum einen, weil ich bald endlich wieder afrikanische Erde unter meinen Füßen spüren werde, zum anderen, weil der Warenwert der vielen Ersatzteile eigentlich erfordert, dass ich mich in Uganda mit dem

Zoll auseinandersetze, worauf ich überhaupt keine Lust habe.

Bei der Landung stellt sich das Kribbeln im Bauch ein, das ich jedes Mal empfinde, wenn ich in Afrika ankomme, als ob der Schwarze Kontinent zufrieden wäre, dass ich seinem Ruf gefolgt bin. Am Flughafen in Entebbe stelle ich eine erste Veränderung fest: Die Digitalisierung ist in Afrika angekommen, inklusive Fingerabdruck und Foto für das Hochglanzvisum. Nachdem ich mein Gepäck in Empfang genommen habe, denke ich kurz an die technischen Mitbringsel und marschiere erhobenen Hauptes in Richtung Schalter mit der Aufschrift *„nichts zu verzollen".* Kein Beamter in Sicht ... die Türen nach draußen öffnen sich und ... ich tauche ein in die afrikanische Nacht. Obwohl es schon spät ist, schlägt mir ein Schwall feuchter Wärme entgegen. Die Grillen zirpen. Lilli begrüßt mich mit einem lässigen Grinsen. Sie lehnt an ihrem orangefarbenen Toyota Land Cruiser – zu diesem Zeitpunkt hat sie die ersten drei Monate am Steuer ihres Geländewagens bereits hinter sich. Sie umarmt mich mit den Worten „Willkommen zur Mädelssafari!".

Unser erstes Ziel ist der Bunyonyi-See im Südwesten. Auf der gut ausgebauten Teerstraße geht es vorbei an Ziegen, streunenden Hunden und imposanten Langhornrindern. Frauen waschen im Fluss die Wäsche, das Geschirr und ihre Kinder. Diese schleudern uns ein fröhliches „Madam Muzungu!" entgegen. „Die Weiße" bin ich gewohnt, aber der Zusatz Madam ist neu – nun, wir sind eben reifer geworden.

Am Äquator besteht eine Gruppe Japaner darauf, uns zu fotografieren. Frauen auf Geländewagentour, und das ohne männliche Begleitung – so etwas haben sie noch nie gesehen.

Lilli fährt nach GPS und folgt immer der kürzesten der angegebenen Streckenalternativen, egal was kommt. Jetzt bedeutet das eine steile glutrote Piste mit tiefen Gräben, ausgewaschen vom letzten Monsun und von Gesteinsbrocken durchsetzt. Vollgas? Wenn das mal gut geht! Wir hoppeln über den Untergrund, plötzlich ein dumpfer Schlag. Lilli hält sofort an und verschwindet unter ihrem Toyota. Im Nu sind wir umringt von einer Kinderschar. Die Nervosität bricht sich einmal mehr Bahn. Was, wenn wir in dieser Abgeschiedenheit einen Schaden haben, den wir nicht beheben können? Gleich darauf zerstreut Lilli meine Bedenken. Unter dem Wagen ist ihr glockenhelles Lachen zu hören. Ihr Ex hatte unter dem Auto Ersatzblattfedern angebracht, die sich soeben krachend verabschiedet haben. Mit einer lässigen Bewegung wirft Lilli sie ins Wageninnere.

Auf einer schmalen Waldpiste winden wir uns am Ufer des Bunyonyi-Sees entlang zu einer Halbinsel im Norden. Dort liegt das Community Camp „Amasiko Homestay". Individualreisende sind hier eher eine Seltenheit. Wir haben einen traumhaften Blick über den See, der auf allen Seiten von steilen Hängen begrenzt wird. Die meisten davon sind bewirtschaftet – Bananen- und Teeplantagen. Aus dem See ragen zahlreiche kleine Inseln. Die Abendsonne blitzt unter ein paar schwarzen Gewitterwolken hervor. Wir schlagen unser Lager gerade noch

rechtzeitig auf, bevor die ersten dicken Regen-
tropfen fallen.

Das Communityprojekt besteht aus einer Schule
für hundertfünfzig Kinder und landwirtschaftlich
genutzten Flächen, auf denen ihre Eltern arbeiten.
Finanziert wird das Ganze über Unterkünfte, die
an Touristen vermietet werden. Wer Ruhe sucht,
ist hier genau richtig. Ich brauche jetzt erst mal
eine Abkühlung und springe in den See, um ein
paar Züge zu schwimmen. Am Camp wird Lilli
derweil von Schulkindern umringt, die gerade
Pause haben. Sie sind fasziniert von meiner Freundin, die soeben im Motorraum ihres Toyo verschwindet, in dem neben dem Motor noch so viel
Platz ist, dass sie ihn als Stauraum nutzt. „Das La-
dekabel war doch irgendwo hier unten …“

Meine Freundin Lilli bei Wartungsarbeiten
an ihrem Toyo (Uganda)

Als ich wieder zu ihr stoße, halten mir die Kinder eine Zeitschrift unter die Nase – sieht nach der holländischen Version der *GALA* aus. Ich konstatiere unverblümt, dass ich die mit Dermafiller aufgespritzten, pseudoblonden Hungerhaken nicht schön finde, und rege mich innerlich über den Unbekannten auf, der unsere westlichen Schönheitsideale in diesen entlegenen Winkel importiert.

Unsere nächste Station soll der Bwindi Impenetrable Nationalpark sein. Auf dem Weg dorthin kommen wir durch Kabale, eine eher unspektakuläre Kleinstadt, wäre da nicht das energiegeladene Team des SCOSP (Site for Community Services Program). Lilli kennt den Geschäftsführer dieser Nichtregierungsorganisation. Das Hauptanliegen der Gruppe ist der Schutz der Albinos im Land, denn diese leiden aufgrund der fehlenden Pigmentierung an zahlreichen gesundheitlichen Problemen, allem voran an Hautkrebs. Das ist aber nur eine Seite der Medaille. Die hellhäutigen Kinder werden stigmatisiert, weil sich hartnäckig das Gerücht hält, ihre Mütter hätten etwas mit einem Weißen gehabt. Schlimmer noch ist der Aberglaube, einen Albino zu opfern würde zu persönlichem Reichtum verhelfen. So werden die armen Kinder immer wieder verschleppt, misshandelt, manchmal tatsächlich getötet. Das Team der SCOSP organisiert Geld- und Sachspenden sowie medizinische Versorgung, und hilft, Verschwundene zu finden. Außerdem kämpfen sie dafür, dass Albinos dieselben Rechte bekommen wie alle anderen Bürger in Uganda. Ich kann vor so viel Mut und Einsatz nur den Hut ziehen.

Das Beispiel zeigt, dass sich Menschen in Begegnung gegenseitig beeinflussen, denn einige Jahre nach unserem Besuch gesteht uns der Leiter der Einrichtung, dass unsere Begeisterung für sein Land ihm den nötigen Kick gab, eine Ausbildung als Reiseführer zu machen und seine eigene Safari-Agentur zu gründen. Die Einnahmen daraus lindern die chronische Finanznot seiner Nichtregierungsorganisation.

Vom Bwindi Impenetrable Nationalpark aus kann man die Virunga-Vulkane sehen, die sich entlang der Grenze von Uganda, Ruanda und der Demokratischen Republik Kongo (DRC) ziehen – sie sind das Rückzugsgebiet der letzten Berggorillas in Afrika. Dort hatte ich vor Jahren die Gelegenheit, an einem Gorilla-Trekking-Ausflug teilzunehmen, an den ich jetzt unweigerlich zurückdenken muss. Nach mehreren Stunden Wanderung durch den dichten Urwald, begleitet von bewaffneten Rangern, fanden wir tatsächlich eine der an Menschen gewöhnten Berggorillakleingruppen. Uns wurden sechzig Minuten Beobachtungszeit mit ihnen erlaubt, immer auf Distanz, damit wir keine Krankheiten an sie übertragen konnten. Es herrschte munteres Durcheinander von umherspringenden Babys und sich prügelnden Halbstarken. Und plötzlich schaute ich in die tiefgründigen, ruhigen, neugierigen Augen des Anführers, eines Silverback. Das berührte mich zutiefst.

Ein entgegenkommendes Fahrzeug reißt mich nun aus meinen Tagträumen. Der Fahrer schleudert uns ein: „Ich begrüße euch im Namen des Tourismus!" entgegen. Hier sind die Ugander offenbar auserlesen freundlich.

Besuch bei den letzten Berggorillas (Uganda)

Nächste Etappe: Queen-Elizabeth-Nationalpark (QENP). Es gibt am Eingang natürlich keine Detailkarte vom Park. Irgendwie beruhigend, dass sich manche Dinge nie ändern. Wir sind noch keine Stunde im Park, da begegnen wir den ersten Elefanten. Seltsam nur, dass im Safarifahrzeug vor uns alle in die andere Richtung schauen. „Was gucken die denn an?", frage ich Lilli verwundert.

„Sieh nur! Da!", ruft sie und zeigt auf einen Feigenbaum.

In der Krone lümmelt auf einem Ast ein sehr gut genährtes Löwenmännchen. Löwen auf Bäumen habe ich bis dahin noch nie gesehen. Lilli klärt mich auf, dass sie sich so vor lästigen Insektenbissen schützen. Positiver Nebeneffekt: Man sieht das Abendessen schon von Weitem.

Wir schlagen das Nachtlager in einem Camp direkt an dem Fluss auf, der die natürliche Grenze zum

Kongo markiert. Wohl auch aus diesem Grund taucht später ein bewaffneter Ranger auf. Nachdem er das Terrain sondiert hat, konstatiert er: „Sie können sich jetzt frei bewegen – hier ist es sicher."

Mit drei Dutzend Nilpferden in der direkten Nachbarschaft sieht das so mancher sicher anders. Aber Lilli und ich freuen uns einfach nur, endlich im wilden Herzen Afrikas angekommen zu sein. Kein Strom und auch kein Internetempfang; Lillis Social-Media-Follower werden sich etwas gedulden müssen.

Wie jeden Abend kochen wir auf Holzfeuer, erzählen uns Reisegeschichten und lauschen den Geräuschen der Nacht. Das monotone Klicken der Zikaden wirkt beruhigend auf mich, ebenso wie das Schnauben der Nilpferde im Fluss. In einiger Entfernung ist das Lachen einer Hyäne zu hören. Als wir schließlich im Toyota liegen, dauert es nicht lange, bis wir das schmatzende Geräusch der Nilpferde hören, die das Grün um den Geländewagen herum abgrasen. Dazu gesellt sich Löwengebrüll. Wie habe ich das vermisst!

Nach mehreren Ausfahrten mit dem Geländewagen, bei denen wir Elefanten, Wasserböcken, verschiedenen Gazellen, allerhand Federvieh und Warzenschweinen begegnen, gehen wir die Verbindungsstrecke zwischen dem südlichen und dem nördlichen Teil des Nationalparks an. Diese hundert Kilometer Straße sind in jämmerlichem Zustand. Schlaglöcher reihen sich regelrecht aneinander – kein Wunder also, dass überladene Lastwagen hier schlappmachen. Blöd, wenn so ein Koloss mitten auf der Straße kollabiert und sie damit versperrt. Merke: Wenn der einzige freie Weg durch den Straßengraben führt und es in der Nacht zuvor einen Wolkenbruch gegeben hat, entpuppt sich diese Option als Falle. Wir fahren uns fest. Lilli bekommt rote Wangen, wir atmen tief durch und werfen unser geballtes Beifahrerinnenfachwissen in die Waagschale. Rückwärtsgang – Geländeuntersetzung – Vorwärtsgang – Vollgas. Und … draußen sind wir! Hochgefühle.

Im nördlichen Teil des Queen-Elizabeth-Nationalparks campieren wir auf der Mweya Peninsula. Hier sind die Webervögelmännchen gerade mit Nestbau beschäftigt – das ist Teil ihres Balzverhaltens. Die kunstvoll gewebten, kugelrunden Gebilde befestigen sie mit einem einzigen Halm am Ast eines Baums, ähnlich einer Weihnachtskugel. Wenn es der Auserwählten nicht gefällt, durchtrennt sie den Halm einfach und die Kunst fällt zu Boden. Da sag noch jemand, Menschenfrauen seien zickig!

Lilli und ich haben entschieden, auf dieser Safari alles mitzunehmen, was geht. Also buchen wir auch noch die Bootstour in der Abenddämmerung auf dem Kazinga-Kanal. Der Perspektivwechsel auf das Wasser liefert nicht nur einen veränderten Blickwinkel für Fotomotive – wir kommen auch noch näher an die Tiere heran. Heute stehen Wasserbüffel dekorativ neben Krokodilen und Monitoreidechsen. Aber die Besonderheit an den Uferhängen sind Eisvögel, die hier in zahlreichen Varianten und zu Hunderten die Nisthöhlen im Hang anfliegen.

Die Safari im Norden des Parks belohnt unsere Ausdauer noch einmal mit Löwen im Baum. Diesmal sind es drei Weibchen – plumps – ich korrigiere: drei Weibchen und ein Jungtier, das gerade runtergefallen ist. Die Mutter kann das tapsige Kleine nicht mehr dazu bewegen, wieder hochzuklettern, und so ziehen sie schließlich alle weiter.

Ein landschaftliches Highlight des Nationalparks sind die Katwe Explosion Crater Fields, eine Ansammlung erloschener Vulkankrater, an deren Rändern man durch die Landschaft kurven kann. Manche sind im Inneren bewaldet, andere mit Gras bewachsen, wieder andere mit Wasser vollgelaufen. Hier ist Elefantenland, wir müssen also jederzeit mit Tieren und von ihnen entwurzelten Bäumen rechnen. Letztere lassen sich meist durch das Dickicht umfahren – ist das nicht möglich, rauscht Lilli kurzerhand durch die Baumkrone. Wo ein Wille ist, ist auch ein Weg. Von der höchsten Stelle der Krateransammlung aus sieht man gleichzeitig den Lake Edward, den Lake George und den Kazinga-Kanal. Das sind die Momente, an die ich mich erinnern werde, wenn ich wieder zu Hause bin.

Doch bis es so weit ist, gönnen wir uns noch einige farbenfrohe Sonnenuntergänge an den Ufern der ausgeprägten Seenlandschaft dieses reizvollen, abwechslungsreichen Landes.

Nach drei Wochen heißt es für mich dann einmal mehr Abschied nehmen; voll neuer Bilder im Kopf und mit der Gewissheit, dass mich Afrika stets zurückholt – dann, wenn ich seinen Beat in meinen Adern fühlen kann.

Soloreisen – Essenzen

Eine Unterhaltung mit Lilli Mixich

Heidi: Lilli, du reist ganz allein durch Afrika. Du hörst bestimmt oft die Frage, ob du dich dabei sicher fühlst. Wie geht es dir damit?

Lilli: Ich selbst kenne mehr Fälle von Paaren, die gefährliche Zwischenfälle erlebt haben, als von Einzelreisenden. Mir fallen da beispielsweise Überfälle ein, bei denen einer der Partner gehandelt, also sich verteidigt hat und verletzt wurde. Das sind natürlich Extrembeispiele, aber was ich damit sagen will, ist, dass Gefahren unabhängig davon sind, ob du allein oder zu zweit unterwegs bist.

Vielmehr ist das Risiko situationsabhängig. Daher achte ich als Alleinreisende darauf, in welche Situationen ich mich begebe. Ich mache Buschcamping zum Beispiel nur dort, wo ich von meinem Gefühl und meiner Reiseerfahrung her davon ausgehe, dass es nicht sehr dicht besiedelt ist, sodass ich meine Privatsphäre habe. Wenn ich allein bin, muss ich sonst die Neugierigen in Schach halten und gleichzeitig mein Programm abfahren, wie das Camp einzurichten oder zu kochen. *Wenn* ich Campingplätze aufsuche, dann unter dem Aspekt der Bequemlichkeit, weil ich dort z. B. duschen kann. Die Sicherheit ist auf dem Campingplatz (zumindest in Afrika) nicht garantiert höher.

Wenn ich mein Camp aufschlage, halte ich mich relativ bedeckt, denn gerade dort, wo ich unterwegs bin, wecken Dinge Begehrlichkeiten bei denen, die nichts haben. Wer sein Mobiltelefon und seinen Laptop öffentlich zur Schau stellt, muss sich nicht wundern, wenn er beklaut wird.

In Städten greife ich bei der Unterkunft inzwischen bevorzugt auf private Kontakte zurück, die ich hauptsächlich über Facebook kennenlerne. Die Menschen vor Ort sind an meinen Geschichten interessiert und laden mich daher gern ein.

Verabreden sich allein reisende Frauen, um Strecken mit ihrem Fahrzeug gemeinsam zu fahren?

Ja, natürlich. Frauen sind an Vernetzung ohnehin stärker interessiert als Männer. Ich habe mit anderen Frauen zusammen eine Facebookgruppe, die sich „Afrika auf eigene Faust" nennt. Über diese Community erreichen mich regelmäßig Anfragen dazu, Strecken gemeinsam zu fahren, und zwar deutlich mehr von Frauen. Dabei geht es um Routen, die außerhalb der ausgetretenen Pfade liegen oder anspruchsvoll zu fahren sind. Auch für große Nationalparks bekomme ich Anfragen, denn auch hier kann ich unter Umständen als Individualtourist tagelang unterwegs sein, auf denen ich niemanden treffe.

Ist Vernetzung ein wichtiger Trend beim Langzeitreisen?

Unbedingt. In Afrika sind – wegen Corona, aber auch wegen politischer Konflikte – so wenige Reisende

unterwegs, dass die virtuelle Vernetzung zum In-
formationsaustausch immens wichtig wird, da man
anderen Reisenden nicht zwingend begegnet. So
besteht auch die Möglichkeit, sich zu einem persönlichen Treffen zu verabreden.

Möglichkeiten zur Vernetzung gibt es über
Social-Media-Plattformen sehr viele – nicht nur
Facebook, sondern auch Instagram und YouTube.
Welcher dieser Kanäle für mich infrage kommt, ist
eher eine Frage des Formats, das ich bevorzuge.
Foren, über die wir uns früher ausgetauscht haben,
treten für mich inzwischen in den Hintergrund.

**Du bist seit dreißig Jahren unterwegs,
hauptsächlich in Afrika. Hat der Anteil
allein reisender Frauen seit deinen Anfän-
gen zugenommen?**

Ja, auf jeden Fall, und warum sollte das auch nicht
so sein? Es ist uns ja alles zugänglich, und es gibt
keinen Grund, warum wir solche Individualreisen
nicht genauso organisieren können sollten wie
Männer.

Hinzu kommt, dass es uns heute leichter gemacht wird und wir nicht mehr so ins Blaue hinein
aufbrechen. Im südlichen Afrika kannst du beispielsweise sehr leicht ein Auto kaufen.

Frauen haben heute eine andere Einstellung,
sind sehr viel selbstbewusster. Sie sagen sich: „Ich
habe diesen Traum, also mache ich das – auch allein." Der Vanlife-Hype, den wir gerade erleben,
ist dieser Entwicklung zuträglich. Da entwickeln
sich viele Frauen zu Vorbildern, und die eine oder
andere sagt sich: „Wenn die das kann, kann ich

das auch!" Ich habe übrigens nicht das Gefühl, dass sich das auf eine bestimmte Altersklasse beschränkt.

Was würdest du anderen Frauen raten, die diesen großen Traum haben, aber nicht wissen, wo sie anfangen sollen?

Wichtig ist, sich im kleinen Rahmen auszuprobieren und daran zu wachsen. Ein erster kleiner Schritt könnte zum Beispiel ein Mikroabenteuer sein, bei dem ich mich mit meinem Auto übers Wochenende allein irgendwo in den Wald stelle. Oder statt wieder eine Gruppenreise zu buchen, eine Safari-Tour als Einzelperson zu machen.

Du musst lernen, mit deinen persönlichen Ängsten umzugehen, indem du tust, wovor du dich eigentlich fürchtest. Ich zum Beispiel habe immer noch Angst davor, im Gelände zu fahren, aber ich werde es nie lernen, wenn ich es nicht tue.

Gibt es spezielle Fahrertrainings für Frauen?

Absolut. Gerade Facebookgruppen, wie etwa die der „Vanlove Girls", die sich auch in der realen Welt treffen, bieten solche Trainings regelmäßig an. „Frau allein im Wohnmobil" oder „Solo im Wohnmobil" sind weitere Gruppen, die Treffen veranstalten, um sich gegenseitig die wichtigen Skills beizubringen. Hier kannst du in Workshops beispielsweise lernen, einen Reifen zu wechseln.

Wichtig ist, dass du das Fahrertraining mit deinem eigenen Fahrzeug machst, denn das willst du schließlich beherrschen. Du kannst dich natürlich auch zu einem Einzelfahrertraining bei professionellen Anbietern anmelden, wie bei der Fahrschule. Hier geht es darum, genau zu beschreiben, was du können möchtest. Solche Fahrertrainings kann man sogar am Reiseziel machen – Anbieter dafür finden sich immer.

Hast du weibliche Vorbilder?

Ich habe für mich entdeckt, dass allein durch Afrika zu reisen möglich ist, als ich eine Italienerin kennenlernte, die fast siebzig Jahre alt war, an der Parkinson-Krankheit litt und allein unterwegs war. Sie hatte sich so organisiert, dass das Reisen trotz ihrer Krankheit für sie funktionierte.

Von ihr habe ich ganz viele Tricks gelernt, zum Beispiel wie ich Nahrungsmittel konservieren kann oder wie ich das Auto aus dem Kanister nachbetanken kann, ohne ihn anheben zu müssen.

Diese Frau ist mein persönliches Vorbild.

Sie hat übrigens auf die Frage, warum sie allein reist, geantwortet:

„Die italienischen Männer machen das nicht mit. Die wollen nur hinter dem Ofen sitzen und vielleicht noch durch die Kiesgrube fahren. Sie haben keine Lust auf eine Entdeckungsreise, auf der es auch einmal unbequem werden kann. Warum sollte ich mir das antun?"

Für sie war die Reise auch eine Art Therapie, um in Aktion zu kommen und damit ihrer Krankheit entgegenzuwirken.

Das hat mich sehr beeindruckt. Früher habe ich immer behauptet, dass ich mir im Falle einer

Trennung einen Chauffeur suche, aber nach dieser Begegnung wusste ich: Das kann ich auch allein!

Wie gehst du beim allein Reisen mit dem Thema Krankheit um?

Das ist für mich eine Frage der Selbstfürsorge und Selbstbeobachtung. Wenn ich merke, dass es mir nicht gut geht, dann suche ich frühzeitig Hilfe, und nicht erst, wenn es fast zu spät ist. Das heißt auch, dass ich zuweilen in einem Mammutritt zurück in die Zivilisation fahren muss.

Ich achte übrigens immer darauf, dass ich für solche Zeiten auch Knäcke- oder Schwarzbrot dabeihabe, damit ich essen kann, was mir Kraft gibt, auch wenn ich keine Energie zum Kochen habe.

In entlegenen Gebieten musst du dich auf die lokalen Gesundheitseinrichtungen verlassen.

Ein Teil der Vorbereitung diesbezüglich ist die Anfrage, wo es gute Ärzte oder gute Krankenhäuser gibt oder wo Hilfsorganisationen ihren Sitz haben. Genauso wie ich mich vor jedem Aufbruch nach guten Werkstätten für mein Fahrzeug erkundige, denn wenn der Toyota nicht mehr fährt, geht es mir auch schlecht. Es gehört einfach zur guten Planung, die Wo-ist-denn-Frage zu stellen.

Zu guter Letzt ist auch hier das Internet sehr hilfreich. Ich sehe immer wieder Posts von Menschen, die bestimmte Medikamente suchen und in der Community fragen, wo sie diese bekommen können. Der Vorteil ist, dass in den Communities nicht nur Reisende, sondern auch lokale Expatriots unterwegs sind, die sich auskennen und diese speziellen Fragen beantworten können.

Wie gehst du mit dem Thema Einsamkeit um?

Ich habe schon Einsamkeitsattacken, aber dann komme ich sehr schnell an den Punkt, an dem ich dankbar dafür bin, so unterwegs sein zu können. Ich spreche gern mit mir selbst, denn ich bin auf Reisen mein bester Ratgeber. Eine von den vielen Persönlichkeiten, die in mir wohnen, steht dann auf und zieht mich am Schopf wieder aus dem Jammern heraus. Denn was wäre denn die Alternative? Zu Hause zu bleiben? Da wäre ich doch auch allein. Dann bin ich doch lieber hier. Und wenn es mal gar nicht geht, kann ich mich immer noch mit jemandem verabreden. Es ist ja auch eine Frage des Typs. Mir würde es im Traum nicht einfallen, eine Gruppenreise zu machen, weil ich keine Lust habe, mich permanent Gruppenentscheidungen zu fügen.

Was findest du am allein Reisen besonders positiv?

Es ist toll, dass ich machen kann, wozu ich Lust habe, ohne mich mit jemandem absprechen zu müssen. Ich muss auf niemanden Rücksicht nehmen, außer auf den inneren Ratgeber, der dann vielleicht sagt:

„Jetzt hängst du hier aber nicht noch einen Tag am Strand ab!" Ich finde die Auseinandersetzung mit mir selbst interessant.

Für mich sind es auch besonders schöne Momente, wenn ich eine Situation allein gemeistert und dabei meine Ängste überwunden habe. Dann klopfe ich mir auf die Schulter und sage mir: „Du hast dich zwar wieder angestellt, aber das hast du wirklich toll gemacht, Lilli!"

Welchen Aspekt findest du abschließend wichtig, zu erwähnen?

Der Kostenaspekt ist vielleicht noch interessant, denn man muss wirklich davon ausgehen, dass das Budget nahezu das Gleiche ist – egal ob man allein reist oder zu zweit. Viele Kosten, wie etwa Autoreparaturen, Sprit oder auch Nationalparkgebühren fallen an, egal wie viele unterwegs sind. In einer ganzen Reihe von Nationalparks bezahlst du außerdem die Übernachtung pro Campsite. Hier lohnt es sich, sich mit anderen Reisenden eine zu teilen. Meist sind diese groß genug, sodass man sich trotzdem aus dem Weg gehen kann.

Lilli, die eigentlich Elisabeth Karolina Mixich heißt, kam während zahlreicher Besuche bei ihren rumänischen Verwandten mit dem Fahrenden Volk in Berührung, hat mit ihm gerastet und am Feuer gesessen. Schon als Kind fand sie diese mobile Lebensweise im eigenen Fahrzeug faszinierend. Heute bereist sie Afrika in ihrem dreißig Jahre alten Toyota Land Cruiser – ganz allein. Sie nimmt ihre Follower als Social-Media-Inspirer mit zu den einsamsten Plätzen und den wildesten Abenteuern in Afrika. Ihre Geschichten erzählt sie ausführlich und in vielen faszinierenden Bildern auf ihrem persönlichen Blog:

https://lilli-to-go.com

Ein Neustart

Da sitze ich nun, allein mit meinem Reise-Gen, einem Land Rover, den ich nicht „artgerecht" – also offroad – fahren kann, und großen Träumen von einer Reise zum Ursprung von Tausendundeiner Nacht. Mein Schutzengel sieht sich das eine Weile an und ergreift schließlich die Initiative. Auf einem Pfingstfest für Afrikafreunde versprüht er reichlich Sternenstaub, und so kommt es, dass Heidi auf Peter trifft. Der hat zwar nichts für Ziegen übrig, dafür aber umso mehr für Land Rover. Er hat eine 127er-Ambulanz zu einem Reisefahrzeug mit Stehhöhe umgebaut. Aus der Tür des Aufbaus lugt neugierig ein sechs Monate junger Wuschelkopf. Es ist Bruno, ein Labradoodle – mit ihm bandle ich auf dem Festgelände als Erstes an. Mit seinem Herrchen komme ich an den Festtagen darauf mehrfach locker ins Gespräch. Ein schlanker, groß gewachsener Typ mit Locken, Restaurateur für Möbel und Kunstobjekte. Ein belesener, vielseitig interessierter Mensch, politischer Utopist und – wie sich am Abend herausstellt – ausgelassener Tänzer. Auf der Bühne geben westafrikanische Musiker alles, vor der Bühne rockt Peter die Tanzfläche.

Am folgenden Tag bleibt er zunächst verschwunden. Als er wieder auftaucht, hält er ein Waschbärbaby im Arm, das er gerade gerettet hat. Auf der Landstraße fest an sein bereits totes Geschwisterchen geklammert, wurde es von Bruno entdeckt. Peter kann nicht anders, als sich darum zu kümmern, was ihm auf dem Fest den Spitznamen Waschbär-Peter einbringt und mein Herz schmelzen lässt. Ich fahre mit Schmetterlingen im Bauch nach Hause.

Wenig später verabreden wir uns zu einer gemeinsamen Urlaubsreise in die Westalpen. Zwei Land Rover erobern im Gänsemarsch die Pässe Frankreichs und Italiens. Von Peter lerne ich, welches Potenzial in meinem Geländewagen und seiner Fahrerin steckt. Voll von Glückshormonen meistere ich Strecken, bei denen er insgeheim die Luft anhält. Die Italiener amüsieren sich, dass wir – augenscheinlich ein Paar – mit zwei Land Rovern durch die Gegend fahren.

Doch ganz so einfach ist das zwischen uns nicht. Wir kommen beide aus langjährigen Beziehungen und schleppen an unserem Lebensgepäck. Am Ende einer emotionalen Achterbahnfahrt, bei der wir um unsere Individualität ebenso ringen wie um eine erfüllende Beziehung, steht der große Plan einer gemeinsamen Auszeit. Die Autowanderer, wie wir uns fortan nennen, wollen über den Balkan und die Türkei nach Georgien und weiter bis in den Iran fahren. Peter baut seinen Land Rover, bevor es losgeht, noch mal intensiv um, damit die Prinzessin auf der Erbse zufrieden ist.

Peter, Heidi und Bruno – Aufbruch
zur Autowanderertour

Unser quirliger Freund Bruno ist natürlich mit von
der Partie. Während Peter und ich in der Fahrer-
kabine Platz nehmen, sitzt er hinten im Aufbau.
Die beiden Räume sind über einen schmalen
Durchgang miteinander verbunden, durch den er
uns seinen braunen Lockenkopf entgegenstreckt.
Konzentriert gleicht er jede Kurvenbewegung aus,
und wenn er von dem Schaukeln genug hat, ist
Pause. Dann flitzt er über die Wiesen, wobei seine
Ohren wie Fähnchen im Wind fliegen. Bruno hat
vom Labrador die Passion zum Futtern und vom
Pudel die Leidenschaft zur Vogeljagd geerbt.

Bei einer der ersten Pausen in Italien verschwindet Peter halb in der Kiste mit unseren Küchen-
utensilien und gibt zu Protokoll: „Wir sind viel zu
schwer!" Daraufhin verlassen uns prompt Pfanne
Nummer 3 und Thermoskanne Nummer 2. Dass
seine Äußerung auch prophetischen Charakter hat,
verstehen wir erst einige Tage später.

Wir sind an der italienischen Riviera. Der Unterschied zur französischen Seite, von der wir kommen, ist offensichtlich: Die Straßen sind viel schlechter, der Kaffee ist viel besser. In einem Ort, den Mussolini Imperia taufte, kommen wir im Camp Eukalyptus unter – ein Garten Eden, in dem sich der Landy zwischen Blumen, Bäumen, Kakteen und Gemüsebeeten ausruhen kann.

Peter hat beim Fischhändler eingekauft. Jetzt landen Tintenfische und Gambas auf dem Grill. Abendessen im Paradies ... herrlich!

Das erste Frühstück eines jeden neuen Reiselandes – das ist jetzt unser Ritual – nehmen wir in der örtlichen Bar ein. Kaum eine italienische Bar kommt ohne Spielautomaten und Lotto aus. Hier verspielen die Alten ihre Rente und die Jungen ihren Lohn, in der Hoffnung auf bessere Tage.

Wir queren die Po-Ebene in Richtung Osten. Der erste Pass über tausend Höhenmeter ist verschneit. Dort hat sich jemand ein Haus gebaut, das geformt ist wie ein Schiff. Wir witzeln darüber, wie sich das Bauamt bei uns im Schwarzwald wohl anstellen würde, käme der Architekt mit solchen Bauplänen.

Das landschaftliche Highlight, auf das wir uns während der Autowanderertour in Italien konzentrieren wollen, ist der Tagliamento-Fluss. Das Tal des Tagliamento lässt sich am besten so beschreiben: ein gigantisches Flussbett voller weißer Kieselsteine in allen Größen. Der glasklare türkisgrüne Fluss windet sich mal breiter, mal schmaler hindurch – hier wird in die Natur nicht eingegriffen. In der Nähe des Örtchens Dignano folgt Peter seiner Intuition und findet eine Zufahrt zum Flussbett. An dessen Rand stellen wir unser Expeditionsmobil ab und erkunden die nähere Umgebung zu Fuß. Bruno schaut dabei aufs Wasser. An der schieren Endlosigkeit aus Kiesel, Sand und türkisblauem Wasser können wir uns gar nicht sattsehen. Mehrere Tage genießen wir auf diese Weise die Sonnenstrahlen, machen Lagerfeuer, duschen im Freien und filtern für die Wasserversorgung im Auto Flusswasser in den Tank. Am letzten Morgen schleichen junge Leute in Tarnkleidung durch das Flussbett. Wir schauen uns das Ganze zunächst eine Weile misstrauisch an, dann nehmen wir mit einem jungen Mann aus der Truppe Kontakt auf. Nico klärt uns auf, dass sie mit einem ortsansässigen Trainer für ihre Abschlussprüfung üben – sie haben achtzehn Monate Survivaltraining hinter sich, haben bei minus vier Grad ohne Schlafsack draußen übernachtet, ohne Hilfsmittel Feuer entfacht und sich nur von dem ernährt, was die Natur hergab. In Deutschland bietet Survivaltrainer Nico Workshops an. „Es ist erstaunlich, was meine Übungen mit Menschen, die zuvor Existenzängste hatten, machen. Wenn sie gelernt haben, in der Natur zurechtzukommen, gibt ihnen das ein Stück Souveränität zurück", erzählt er uns.

Ich steige ganz souverän in unseren Land Rover, erfreue mich der Standheizung und bin gespannt auf die nächsten Reiseziele. Die Landschaft wird jetzt hügeliger. Wandergebiet. Ein Forellenteich. Dann wieder breites Flussbett. Wir finden einen Weg zum Fluss, der von Fahrzeugen des angrenzenden Kieswerks genutzt wird. Wir stellen den Landy an einem Waldstück ab und lassen Bruno raus. Er wittert etwas und will sofort ins angrenzende Gebüsch – dafür fängt er sich von uns eine fette Rüge ein … Hätten wir ihn mal besser machen lassen.

Wir durchstreifen in gewohnter Weise zu Fuß das Gelände und fragen uns, ob das ein guter Platz zum Übernachten ist. Hierbei folgen wir immer unserem Bauchgefühl. Fühlt sich einer von uns beiden nicht wohl, suchen wir nach einer anderen Stelle. In diesem Fall beschließen wir, dass wir weitersuchen.

Ich helfe Bruno wie immer in den Landy, weil der Einstieg selbst für seine Größe zu hoch ist, und wundere mich, dass es nach Zigarettenrauch riecht. Warum liegt mein Sonnenhut auf dem Fußboden? Zur gleichen Zeit fragt Peter: „War jemand hier drin?"

Es ist erstaunlich, wie ewig der Moment anzudauern scheint, bis die Ungläubigkeit der Gewissheit weicht. Es ist jemand in unser Auto eingebrochen! Die erste hektische Bestandsaufnahme ist niederschmetternd: Wir sind ordentlich bestohlen worden. Die Verlustliste ist nicht nur lang, sondern auch sehr kurios. Das feuchte Toilettenpapier ist weg, aber das iPad steht noch immer daneben im Halter. Mein Kulturbeutel wurde geklaut, aber die Nachtsichtkamera ist noch da. Sie haben meine Trommel mitgenommen, aber die Rucksäcke mit Treckingequipment sind unangetastet. Fotoapparat weg, Videokamera geklaut, Festplatten, iPhone, externer Lautsprecher, WLAN-Router, Fernglas – adieu! Auch Papiere sind abhandengekommen, darunter das Carnet de Passage, also das Zolldokument für unser Fahrzeug, das wir für die Einreise in den Iran benötigen. Ich frage mich: Wer um Himmels willen klaut so was? Das gilt doch sowieso nur für dieses eine Fahrzeug. Gut, zumindest sind wir jetzt auf jeden Fall deutlich leichter unterwegs. Erst mal nachdenken, soweit das in unserem Zustand möglich ist, dann zur Polizei und Anzeige erstatten. Wenn es schnell geht, fassen sie die Diebe vielleicht noch oder es tauchen Gegenstände wieder auf, die als unbrauchbar aussortiert wurden, wie etwa unsere Wagenpapiere.

Schade, dass die Videokamera weg ist – ich hätte die Szene gern festgehalten. Der italienische Polizist und ich finden keine gemeinsame Sprache, also gebe ich das Protokoll mithilfe einer Übersetzungsapp auf. Das Programm ist … sagen wir, ausbaufähig.

Frage: *„Welchen Beruf haben Sie?"* Antwort: *„51".* Verständnislose Blicke auf beiden Seiten. Das Ganze wird sehr schnell zur Farce. Wir fragen, ob sie den Tatort besichtigen oder vielleicht Fingerabdrücke am Auto nehmen wollen. Wir werden verständnislos angeguckt. Arbeit? Hier gibt's nur Papier! Nach neunzig Minuten ist die Tortur vorüber. Ich unterschreibe jede Menge Dokumente und bekomme ein Original ausgehändigt. Ein Blick auf die erste Seite genügt, um festzustellen, dass die ganze Übung sinnlos war. Sie haben nicht einmal unsere Namen richtig geschrieben.

Wir fahren zurück zum Tatort, in der Hoffnung, dass die Diebe inzwischen aussortiert haben, was sie nicht brauchen können. Nachdem Peter eine ganze Weile den Wald und dazugehörige Trampelpfade durchkämmt hat, geben wir auf. Zwei Spaziergängerinnen kommen uns entgegen. Wir wollen herausfinden, ob sie vielleicht etwas gesehen haben. Es stellt sich heraus, dass beide aus Deutschland sind und eine von ihnen hier lebt. Sie ist entsetzt über das, was wir berichten, denn bisher hat sie hier ihren Wagen nicht einmal abgeschlossen. Spontan lädt sie uns zu sich nach Hause ein, damit wir uns von dem Schreck erholen können.

In ihrem Innenhof können wir das Chaos sortieren, genauere Bestandsaufnahme machen und unser Adrenalin drosseln. Sie kocht derweil Pasta – italienisches Soul Food. Ihre Unterstützung ist von unschätzbarem Wert, auch wenn wir es ihr gegenüber in unserer Verfassung nur schlecht zum Ausdruck bringen können. Derweil setzt ihr italienischer Bekannter alle Hebel in Bewegung. Er telefoniert mit der Zeitung, damit sie über das, was uns passiert ist, berichten. Vielleicht hat ja doch jemand etwas gesehen. Außerdem spricht er mit einem befreundeten Polizisten, der den Vorfall auf seiner Facebookseite postet. Sollte jemand im Internet unser Zeug verkaufen wollen, fällt es vielleicht auf. Wir sind gerührt von so viel Anteilnahme.

Für Peter ist es nicht das erste Mal, dass er bestohlen wird, aber in ehrlichen Momenten müssen wir einräumen, dass wir nicht ganz unschuldig sind an dem Dilemma, einfach zu nachlässig waren. Trotzdem macht es etwas mit uns. Wir sind jetzt irgendwie verletzt, haben unsere Unbekümmertheit verloren, fragen uns, ob wir den Landy künftig verbarrikadieren müssen. Wir kommen aber schon am nächsten Tag zu der Erkenntnis, dass wir uns davon die Reise nicht verderben lassen, einfach tun, was zu tun ist, und weitermachen.

Ohne zurückzuschauen überqueren wir die Grenze nach Slowenien. Peter sitzt am Steuer; ab jetzt wohl die ganze Strecke, denn ich habe keinen Führerschein mehr.

Ich liebe Schengen! Kein Pass, kein Geld tauschen müssen – einfach genießen. Das mit dem Genuss muss allerdings noch ein bisschen warten, denn in Bovec, einem kleinen, aber quirligen Ort im Herzen des Triglav Nationalparks, gießt es in Strömen. Wir steuern das Autocamp Soca an, einen Campingplatz, der über alles verfügt, was uns jetzt guttun wird. Mit einem *Wusch!* öffnen sich die Türen zum mollig warmen Waschhaus. Erst einmal duschen. Dann eine Maschine Wäsche waschen. Mir graut es bei der Vorstellung, Unterwäsche anzuziehen, die noch vor wenigen Stunden ein Unbekannter zwischen den Fingern hatte.

Die Besitzerin des Campingplatzes muss uns nur ansehen, um zu wissen, was wir jetzt brauchen. Sie serviert starken Kaffee, dann ein noch stärkeres lokales Bier und schließlich den WLAN-Schlüssel, damit wir uns online neu organisieren können. Auf allen Kanälen erreichen uns Nachrichten von Freunden; Zuspruch für die Weiterreise. Stefan, mit dem ich seit unserer Trennung in Freundschaft verbunden bin, macht sofort konkrete Hilfsangebote für die Wiederbeschaffung von Verlorengegangenem. Auch Pat, unser Freund, der auf Land Rover-Reparaturen spezialisiert ist, meldet sich mit Ideen zur Reparatur der aufgebrochenen Beifahrertür.

Wie Peter das Problem schließlich löst, hat er es sich aber bestimmt nicht vorgestellt: Peter geht zum nächsten Strauch, bricht einen Zweig ab und schnitzt daraus eine Pfeilspitze. Diese steckt er tief in die Wunde des verhunzten Schlosses und bricht den noch herausragenden Rest mit einem Ruck ab. Da drin pult keiner mehr herum, und wenn doch, wird er wenig Erfolg haben.

In Ljubljana stocken wir Kleidungsstücke, Toilettenartikel und schließlich auch die verlorene Kameraausrüstung wieder auf. Außerdem rüsten wir die Zwischentür von Fahrerkabine zu Aufbau um. Das sorgt für Beruhigung. Bruno hat bereits beim Ausstieg gewittert, dass etwas nicht stimmt – wir haben das nicht begriffen. Wir nehmen uns vor, seiner Sensibilität auf der weiteren Reise mehr Aufmerksamkeit zu schenken.

 ## Einbruch-Essenzen

Ein Einbruch ist ein massiver Eingriff in die Privatsphäre. Jeder, der schon einmal bestohlen wurde, weiß das. Auf Reisen kommt hinzu, dass es sehr teuer bis unmöglich sein kann, dabei abhandenkommende Wertgegenstände zu ersetzen – das gilt vor allem für Papiere und Kreditkarten. In der Vorbereitung lohnt es sich daher, über sichere Verstecke für diese sensiblen Güter nachzudenken. Unserer Erfahrung nach verbringen Diebe höchstens zehn Minuten im Auto, um nicht entdeckt zu werden.

Es ist sinnvoll, Vorkehrungen zu treffen, die den Eindringling viel Zeit kosten. Abschließbare Zwischentüren, Safes, komplizierte Verschlusssysteme für Schränke und Räume, an die man nur mit Verrenkungen herankommt, sind gute Aufbewahrungsmöglichkeiten.

Bargeld ist auf so einer langen Reise natürlich unumgänglich, aber mein Rat ist, nicht zu viel davon im Auto zu deponieren oder gar am Körper zu tragen. Mit Kreditkarten (vor allem VISA) wird in fast allen Ländern der Welt am Bankautomaten lokale Währung ausgezahlt. Falls die Kreditkarte weg sein sollte, unbedingt daran denken, diese sofort sperren zu lassen! Der zentrale internationale, gebührenfreie Sperrnotruf lautet +49 116 116.

Am schwierigsten ist die Wiederbeschaffung von Papieren. Internationale Führerscheine oder Reisepässe werden nur zu Hause ausgestellt. Von der Botschaft vor Ort bekommt man allenfalls eine Bescheinigung, mit der eine Rückreise nach Hause möglich ist. Aber was uns in Italien mehr als alles andere umgetrieben hat, war der Verlust des Carnet de Passage, also des Zolldokuments, das spezifisch für unser Fahrzeug war und ohne das man in viele Länder nicht einreisen darf. Doch diese Sorge war völlig unbegründet. Der ADAC

stellte für fünfzig Euro zuzüglich Versand-
kosten ein Ersatzdokument aus, das uns umgehend zugestellt wurde.

Wir leben in modernen Zeiten mit entsprechenden Kommunikationsmitteln und elektronischen Geräten zur Digitalisierung unserer
Erfahrungen. Bei näherer Betrachtung unserer
Verlustliste wurde mir bewusst, wie stark sich
das über die letzten Jahrzehnte verändert hat.
WLAN-Router, externe Festplatten und
TAN-Generatoren waren zu Zeiten meiner
ersten Reisen noch gar nicht erfunden und
sind inzwischen schon fast wieder überholt.
Mein Tipp ist, sich vor Reiseantritt mit der
Frage der technischen Infrastruktur auseinan-
derzusetzen, damit daraus kein Stressthema
wird. Schließlich soll ja auch noch Platz für
das Fernglas bleiben, sind wir doch eigentlich
unterwegs, um die wunderschöne Natur zu
beobachten.

Ein Einbruch gehört ganz sicher zu den hässlichen Seiten des Reisens, ist aber auch kein
Drama. Es verschwinden Sachwerte, die er-
setzbar oder gar verzichtbar sind. Nachdem
ich mir das klargemacht hatte, kam der Spaß
am Reisen ganz schnell zurück.

Eisige Gletscher, Feuer im Herzen

Nach Dutzenden begeisterten Georgien-Berichten anderer Reisender können wir es kaum erwarten, auf unserer Autowanderertour dort anzukommen. Die Gastfreundschaft der Menschen dort soll legendär sein.

Die erste Nacht wollen wir zwischen einem Nationalpark im Süden und der türkischen Grenze verbringen. Hier hat ein findiger Zeitgenosse ein handgeschriebenes Schild mit der Aufschrift „*Camping*" angebracht. Wir halten uns für besonders clever und verschaffen uns durch das Gartentor Zutritt. Es scheint gerade hoch genug, um unser 2,90 Meter hohes Expeditionsmobil hindurchzulassen.

In der Gartenanlage sitzen Menschen beisammen, die auf unsere Ankunft mit Grölen und Winken reagieren. Wir fragen uns noch, ob diese Fangemeinde der richtige Ort ist, um von den Grenzstrapazen auszuspannen, da schlägt ein Pfosten mit Glühlampe krachend neben uns auf dem Boden ein. Wir haben mit dem Aufbau unseres Geländefahrzeugs das Stromkabel der örtlichen Beleuchtung erfasst.

Das Geschrei galt also unserer Unachtsamkeit, nicht unserer Ankunft. Peinlich berührt steigen wir aus. Einer der Umstehenden untersucht, ob die Glühlampe noch funktioniert. „Kein Problem! Kommt erst mal ein Bier trinken!"

Man spricht rudimentär englisch. Großartig, denn wir sprechen kein Russisch, was wir im Lauf der nächsten Wochen noch mehrfach bedauern. Wir nehmen in einer der Holzhütten entlang des kleinen Flusses, der sich hier durch die Landschaft zieht, Platz. Während wir auf Fisch mit Gemüse warten, unterhält uns ein junges Mädchen mit einer Tanzeinlage zu georgischer Musik aus ihrem Ghettoblaster. Wir sind sofort Teil der Gemeinschaft, was mich bei dem Gedanken daran, wie Menschen aus fremden Kulturen bei uns gewöhnlich „willkommen geheißen" werden, beschämt.

Wir verbringen eine ruhige Nacht und machen uns am Morgen auf in Richtung der Wasserfälle des Machakhela Nationalparks. Nach endlosen Höhenmetern endet die enge Piste unvermittelt an einem Wanderweg. Peter hat seine liebe Not, den Land Rover zu wenden und eine Möglichkeit zum Parken zu finden. Ab jetzt geht es nur noch zu Fuß weiter. In der vermeintlichen Abgeschiedenheit des Nationalparks fallen uns zahlreiche bestellte Felder auf. Überall grasen Rinder. Kurze Zeit später treffen wir auf den Mann, dem die Gärten und die Tiere gehören. Er freut sich über unseren Besuch, aber noch mehr über die Tatsache, dass er in uns ein Taxi für den Heimweg gefunden hat. Schon ereilt uns die erste Einladung. Wir möchten doch bitte zum Essen bleiben.

Die Bewirtung nimmt schnell unüberschaubare Ausmaße an. Jedem Gang folgt eine Erklärung, wobei wir auf Pantomime zurückgreifen, denn wir finden leider keine gemeinsame Sprache. Wir starten in der für uns ungewöhnlichen Reihenfolge: mit Kaffee und Haselnüssen in Honig aus eigener Erzeugung. Die Dame des Hauses kocht gefühlt alles, was unser Reiseführer an landestypischen Speisen auflistet. Wir kosten unter anderem Hackfleischbällchen mit süßsaurer Wildpflaumensoße. Dazu werden Chinkali gereicht – das sind mit Hackfleisch gefüllte Teigtaschen, die in Brühe gekocht werden. An einem Ende haben sie einen dicken Teigknubbel, an dem man sie anfasst. Die Idee ist, hineinzubeißen und die Brühe herauszuschlürfen, und beim Kenner funktioniert das auch wunderbar. Bei uns geht einiges daneben.

Hier hat das Brot Ohren und schmeckt super lecker (Georgien)

Die Herzlichkeit, mit der wir hier aufgenommen werden, überwältigt uns regelrecht. Zu guter Letzt werden die Hochzeitsalben des Sohnes ausgepackt und wir schauen gemeinsam Fotos an, wie alte Bekannte. Leicht beschwingt vom ebenfalls eigenen Wein ziehen wir nach mehreren Stunden davon.

Die Nationalstraße mit der Nummer 1 trägt einen trügerischen Namen, denn der Zustand ist nicht etwa erste Sahne, sondern geht von schlecht in furchtbar und von dort in unbeschreiblich über. Alsbald biegen wir auf eine Wiese ab. Das ist das Reizvolle an Georgien: Wir können – außer auf Privatgrund – überall stehen. Camping ist da, wo das Auto parkt. Am anderen Morgen müssen wir allerdings die Flucht antreten, denn Rinderherden, die nicht etwa von Menschen, sondern von Herdenschutzhunden begleitet werden, grasen rund um unser Auto. Die Rinder sind dabei nicht das Problem – sondern die Herdenschützer. Sie sind, was Konkurrenten angeht, recht humorlos. Um zu verhindern, dass sie mit Bruno Streit anfangen, ziehen wir uns zurück.

Am ersten Bretterverschlag am Pistenrand machen wir schon wieder Frühstücksrast. Wir wollen eigentlich nur Kaffee, aber dabei bleibt es nicht. Der Wirt überredet uns zu Schaschlik und serviert zum Nachtisch noch Wassermelone und Schokostückchen. Es ist hier einfach nicht möglich, nur einen Kaffee zu bekommen. Aber wir sollen bitte nur das bezahlen, was wir bestellt haben – so sind die Georgier.

Wir passieren eine Quelle, die wir nutzen, um unseren Trinkwassertank aufzufüllen. Ein Schauspiel, bei dem die Umstehenden interessiert zusehen, da wir das Wasser in einen Eimer umleiten, von dem aus wir es – getrieben von einer kleinen Pumpe – mit einem Schlauch in unseren Wassertank fließen lassen. Tolles System. Nur leider stellen wir fest, dass die Pumpe, die das Wasser im Wageninneren zum Wasserhahn transportieren soll, bereits nach drei Monaten des Vagabundierens den Geist aufgegeben hat. Peter löst das Problem provisorisch, aber da sauberes Trinkwasser für uns eine wichtige Reisevoraussetzung ist, beschäftigt uns das Thema später noch intensiver.

Im Südwesten Georgiens liegen in den Felswänden zahlreiche mittelalterliche Höhlendörfer – beispielsweise Wanis Kwabebi; ein eintausend Jahre altes Dorf, das in einen rund sechshundert Meter hohen Steilhang gebaut wurde. Von unten wirkt die weiße Kirche des Dorfs wie eine Miniatur, und um die Höhlen zu erkennen, die einst geschlossene Wohnräume waren, muss man schon ganz genau hinschauen. Durch ein Erdbeben im Jahr 1283 brach die Front des Steilhangs ab – seither sind die Räume nach vorn offen. Dennoch war dieser Ort bis auf die Zeiten, in denen Georgien zur Sowjetunion gehörte, immer bewohnt, und auch heute leben im unteren Teil des Felsens wieder Mönche. Für mehr Komfort wurde in die Höhlenöffnung kurzerhand Fensterglas eingesetzt. Dass die sechs Mönche durchaus in der Moderne angekommen sind, zeigt der unter einem Baldachin geparkte blütenweiße SUV.

Peter geht angeln, wenn sich ihm die Gelegenheit dazu bietet. Heute wird er von den heimischen

Anglern zunächst milde belächelt, weil er mit Kunstködern arbeitet. Die Einheimischen sind der Überzeugung, dass man die Fische vor Ort nur mit Brotstückchen fangen kann – sie staunen nicht schlecht, als Peter schon nach kurzer Zeit Erfolg hat. Wir campieren an diesem Abend direkt am Ufer eines Flusses, so kann der fangfrische Fisch auf der Stelle zubereitet werden. Am Abend funkeln über uns die Sterne. Das sind die Momente, in denen ich frei atmen kann und mir wünsche, es möge ewig so weitergehen.

Am nächsten Tag treffen wir an einer Felsenkirche, die noch komplett intakt ist, auf den Mönch Vater Johann. Er hütet die Anlage. Wie alle anderen ist auch sein Zimmer in den Felsen gehauen und gerade groß genug für seine Habseligkeiten: Bett, Tisch und ein Regal voller Bücher. Er zeigt auf eine Metallleiter, über die man durch ein kleines Loch ins Innere des Felsens gelangt. Als sich unsere Augen an die Dunkelheit gewöhnt haben, erkennen wir die Kirche. Der Stein über unseren Köpfen wurde so behauen, dass die typische Rundbogenform einer Kirchendecke entstand. An der Vorderseite steht ein Altar aus Holz, überall sind Bilder von Heiligen angebracht. Es duftet nach Kerzenwachs. Ein kleines Loch hoch oben in der Felswand lässt ein wenig Tageslicht herein. Wir verweilen lange an diesem Ort der Stille. Als wir wieder auftauchen, lädt uns Vater Johann auf seine Veranda ein, wo ich unter einem Strohdach in seinem Schaukelstuhl sitzen darf. Bei Wein, Keksen und georgischen Gesängen aus dem iPad lasse ich den Blick über das Tal schweifen. Auch diesmal klappt die Verständigung auf der Meta-Ebene ohne gemeinsame Sprache. Als Vater Johann versteht, dass wir ausgezogen sind, um die Welt zu sehen, gibt er uns zu verstehen, dass es bei ihm genau umgekehrt ist. Die Welt kommt zu ihm. Er macht auf mich einen glücklichen Eindruck, wie jemand, der bei sich selbst angekommen ist.

Doch mit unserer inneren Ruhe soll es leider schon bald vorbei sein, denn nach der Passhöhe macht der Motor unseres Geländewagens unheilvolle Geräusche. Wir fahren eine Werkstatt an, in der sich sofort mehrere Mechaniker in den Motorraum beugen und angeregt diskutieren. Sie scheinen sich bei der Diagnose allerdings nicht einig zu werden, daher wird nach Georgi gerufen. Georgi ist der Mediziner unter den Automechanikern. Er hört den Motor mit einem Stethoskop ab, Stelle für Stelle, so wie es der Doktor mit der Lunge macht. Ich bin sehr beeindruckt und Peter beginnt sich zu entspannen, und tatsächlich findet Georgi den Fehler auf diese Weise: Ein Lager in der Lichtmaschine ist kaputt. Das Ersatzteil soll auf dem Basar beschafft werden. Da Peter es bezahlen muss, steigt er zu Uri ins Auto, der mit 100 km/h quer durch die Stadt donnert. Das Lager ist auf wundersame Weise vorrätig. Noch glücklicher macht mich aber der Umstand, dass Peter heil von dieser Formel 1-verdächtigen Tour zurückkehrt. Das Lager wird ausgetauscht und wir sind wieder startklar. Mich hat an dieser Erfahrung nicht so sehr begeistert, dass wir sofort einen Termin bekommen haben und die Reparatur nur fünfundfünfzig Euro gekostet hat, sondern dass dies an einem Samstagnachmittag stattgefunden hat und die Mitarbeiter erst ins Wochenende starteten, nachdem sie uns wieder auf die Straße gebracht haben. Uri fasst das so zusammen: „Jetzt schnurrt der Land Rover wieder wie eine Rolex. So muss es sein!" Trinkgeld will er um keinen Preis annehmen. Für ihn gehört der gute Service zum beruflichen Selbstverständnis.

Das Herzstück einer jeden Georgienreise ist der Besuch des großen Kaukasus, des Gebirgszugs, der sich über den Norden des Landes erstreckt und die Grenze zu Russland markiert. Hier gibt es Gletscher mit Höhen über fünftausend Metern. Die Zufahrten in die Gebiete sind abenteuerlich, denn an dieser Stelle bröselt Georgien ganz außerordentlich. Das Gestein ist so brüchig und weich, dass es immer wieder zu Erdrutschen kommt – dabei geht nicht selten der ganze Hang ab und begräbt Häuser und Straßen unter sich. Die Pisten werden gerade so weit geräumt, dass die Autos wieder passieren können. Manchmal verschwindet auch ein ganzes Stück der Straße im Abgrund – dann werden im besten Fall Betonpfeiler aufgestellt, manchmal wird auch nur ein Absperrband angebracht, um zu signalisieren, dass man diese Stelle besser umfährt. Für Menschen, die gern offroad unterwegs sind, ist der Kaukasus ein richtiger Abenteuerspielplatz. Für uns beginnt dieses Abenteuer in Lentheki. Schon kurz nach dem Aufbruch müssen wir ins Flussbett ausweichen, denn die offizielle Straße ist erdrutschartig abgegangen. Ein uns entgegenkommender Deutscher kommentiert nur: „Na, da habt ihr euch ja was vorgenommen …"

Da können wir mit der detailgenauen Pistenbeschreibung der tschechischen Motorradfahrer schon mehr anfangen. Der Land Rover arbeitet sich langsam den Berg hoch. Dankbar nehmen wir in einem winzigen Dorf das Angebot eines türkischen Kaffees an. Der kommt in Begleitung eines nicht bestellten Honigkuchens – das läuft also auch auf über zweitausend Metern Höhe noch so.

Ab hier gleicht die Piste einem Wanderweg: eine sehr steile Serpentine, dafür mit dauerhaft gigantischem Ausblick auf die ersten Kaukasusgletscher. Wir kommen nur sehr langsam voran, da wir ständig anhalten, um Fotos zu machen. Die Berge leuchten rot, grün oder grau, hier und da liegen Schneereste auf den Hochwiesen. Die Kappen der höchsten Berge sind von Gletschereis bedeckt und schimmern im Sonnenlicht grünlich bis bläulich. Jetzt, im Hochsommer, blühen überall Blumen. Mir fällt auf, wie es brummt und summt. Eine solche Insektenvielfalt habe ich zu Hause schon lange nicht mehr erlebt.

Ushguli ist auf seinen zweitausendzweihundert Metern das am höchsten gelegene dauerhaft bewohnte Dorf Georgiens. Bekannt wurde es durch seine Ansammlung alter Wehrtürme, die sich malerisch vor der weißen Gletscherkuppe des höchsten Bergs Georgiens, den Shkhara mit über fünftausend Metern, abzeichnen.

Ushguli im Kaukasus mit
Shkharagletscher (Georgien)

Den Shkhara sehen wir uns aus der Nähe an. Wir setzen uns auf einen großen Felsbrocken und sehen dem Gletscher dabei zu, wie er mit seinem Schmelzwasser Steine in Bewegung setzt, die mit Getöse in den Fluss purzeln. Dieser Ort bringt uns zum Nachdenken. Wie lange wird dieses Naturschauspiel wohl noch zu beobachten sein? Werden wir Menschen rechtzeitig zur Einsicht kommen und unser Verhalten ändern, um die Klimakatastrophe noch aufzuhalten?

Am Abend werden wir von strömendem Regen und fallenden Temperaturen überrascht. Wir sind über die Möglichkeit, im Land Rover warm duschen zu können, sehr froh.

Herrlich!

Würden wir unseren Weg durch den Kaukasus aufzeichnen, würde das Bild eines Kamms entstehen, denn wir bewegen uns entlang einer Hauptroute von Ost nach West und stechen dabei nordwärts in jedes Tal, das interessant aussieht. Da aber an den Gletschern jeweils Schluss ist, müssen wir immer wieder zum Ausgangspunkt zurück.

Einer dieser Stichwege führt uns zum Ushba-Gletscher. Hier sind nicht nur die Berge um uns herum ein Hingucker, sondern auch die Natur, in der wir übernachten. Der Gletscherfluss durchbricht ein ausgedehntes Waldgebiet, der Boden ist humusweich und überall wachsen Moos und Farn. Ich erwarte, hinter den Bäumen jederzeit Feen und Zwerge zu sehen.

Wir parken im Schatten der Bäume, machen Lagerfeuer und waschen uns mit Flusswasser. Ein Ort, an dem wir die Zeit gänzlich vergessen können.

In dem Tal, in dem das winzige Dorf Nakra liegt, haben wir die touristische Zone endgültig verlassen. Hier dreht sich wirklich jeder nach unserem Fahrzeug um. Im Marktgeschäft haben sie keine Frischwaren, und das vorhandene Angebot stammt noch aus dem letzten Jahrtausend. Die Dörfler fragen neugierig, wohin wir wollen, und erklären uns, dass wir uns beim Grenzposten melden müssen. Der ist gar nicht zu verfehlen, denn die Weiterfahrt wird durch einen im Fluss geparkten LKW der russischen Marke Kamaz versperrt. Die Beamten lassen sich im Land Rover alles zeigen – eindeutig mehr aus Neugier als der Sicherheit wegen. Nachdem wir mit Zeichensprache auf der Karte signalisiert haben, dass wir uns für die nähere Umgebung interessieren und nicht vorhaben, nach Russland durchzustechen, lassen sie uns passieren.

Die weitere Route ist recht abenteuerlich, denn hier sind nur noch Waldarbeiter mit schwerem Gerät unterwegs. Für die Übernachtung finden wir eine wunderschöne Wiese neben einem kleinen Fischteich, auf der wir es uns gemütlich machen.

Als wir am nächsten Tag zum Posten zurückkehren, haben die Grenzer einen Baum gefällt, der nun quer über der Straße liegt. Damit die Aufräumarbeiten schneller gehen, wollen wir mit anpacken, aber das wird höflich abgelehnt.

Der Stich den Fluss Nenskra entlang bringt uns schließlich an die Grenze des Machbaren, denn die georgischen Beamten verstehen nicht, was wir auf der anderen Seite wollen und lassen uns nicht durch. Wir beschließen kurzerhand, unser Lager außerhalb des Dorfs aufzuschlagen. Die Grenzbeamten lassen uns auch hier nicht aus den Augen. Einer von ihnen telefoniert sogar mit seiner Schwägerin, die in Deutschland lebt, damit sie übersetzen kann. Er ist um unsere Sicherheit besorgt, wüsste gern, was wir hier wollen und wie lange wir bleiben. Kurios wird das Ganze, als ein Pärchen auf einem Motorrad auftaucht. Die Sozia ist die Schwester zuvor erwähnter Schwägerin, die inzwischen ebenfalls Bescheid weiß. Auch sie lebt in Deutschland und ist mit ihrem Mann gerade auf Heimaturlaub hier. Die beiden geben uns einen Tipp, wie wir weiterkommen, ohne – zumindest vermeintlich – an einem Grenzposten vorbeizumüssen. Flussabwärts führe eine Brücke über die Schlucht, und auf der anderen Seite sei eine Bauarbeiterpiste, der wir folgen sollen.

Und wir sollen unbedingt bei Nana anhalten, die einen Imbiss betreibt. Dort gebe es frisch gezapftes Bier. Sie wollen vorfahren und Bescheid geben, dass wir kommen. Wir folgen ihnen auf dem Fuße, und das Bier bei Nana läuft so gut, dass wir gleich zwei davon trinken. Aber mit Khachapuri – Brot mit eingebackenem Käse – lässt sich das gut verdauen.

Kaum haben wir die Zone der Dammbauarbeiten hinter uns gelassen, taucht schon der nächste Grenzposten auf. Diesen Beamten erklärt Peter kurzerhand, dass er oberhalb im Fluss fischen möchte. Die Grenzer kopieren unsere Pässe und lassen uns tatsächlich passieren. Das Panorama, das sich uns kurz darauf eröffnet, ist nur mit einem Wort zusammenzufassen: spektakulär. Wir haben einen 360-Grad-Rundumblick auf Gletscher, die alle über viertausend Meter hoch sind. Das ist mit der Kamera kaum einzufangen. Peter wirft die Angel ins Wasser, und während ich meine Unterhosen zum Trocknen über die Außenspiegel hänge – Waschtag mit Aussicht –, kommt mit viel Getöse ein Polizeiauto angerauscht. Die beiden Beamten beobachten Peter eine ganze Weile aus der Distanz, und ich frage mich, was gleich wohl kommen mag. Schließlich steigen sie aus und erklären Peter gestenreich, dass er nichts fangen wird, wenn er Kunstköder benutzt. Er soll Brotstücke an die Angel hängen. Wir haben ein Déjà-vu. Die Beamten bleiben jedoch nicht lange genug, um festzustellen, dass sie diesmal recht behalten. Unsere Vorratskiste gibt glücklicherweise noch genug her für ein leckeres Abendessen. Wir sammeln Holz für ein Lagerfeuer, an dem wir abends stundenlang sitzen und den Sternenhimmel bestaunen. Da kein Licht weit und breit stört, haben wir das Gefühl, bis in die Unendlichkeit des Universums schauen zu können. Still gehen wir beide unseren inneren Monologen nach, bis der Mond aufgeht und die Gletscher um uns herum silbrig aufleuchten lässt.

Gastfreundschafts-Essenzen

Als wir kleine Kinder waren, hat man uns eingeschärft, keine Schokolade von Leuten anzunehmen, die wir nicht kennen, und erst recht nicht zu Fremden ins Auto zu steigen. So wichtig diese Botschaft der Vorsicht war und ist, so sehr beschleicht mich manchmal der Verdacht, dass so ganze Generationen für die Gastfreundschaft verdorben werden. Nicht nur, dass wir Gäste in unserem eigenen Land meist mit zögerlicher Reserviertheit begegnen, die es Fremden schwer macht, hier Fuß zu fassen – nein, wir selbst sind im Ausland irritiert, wenn uns Gastfreundschaft widerfährt, die für andere Nationen zum höflichen Ton gehört. Wir ruinieren mit unseren Berührungsängsten die Chancen auf einzigartige Eindrücke in der Fremde. Dabei machen es uns die meisten Menschen leicht. Ich war in Amerika, Afrika und Asien unterwegs und hatte dort in Privathaushalten die eindrucksvollsten Begegnungen – Besuche, bei denen ich aus erster Hand etwas über die Kultur und Gebräuche lernen durfte. Ich kann aber dennoch verstehen, dass Unsicherheit Zurückhaltung auslöst, daher hier ein paar meiner persönlichen Regeln:

Für viele Nationen gehört es zum guten Ton, Gäste einzuladen, selbst wenn man gar nicht über die finanziellen Mittel verfügt, diese zu bewirten. Prüfe bei der Person, die dich einlädt, ob sie es wirklich ernst meint. Das gelingt zum Beispiel darüber, dass du mehrfach höflich ablehnst. Wenn die Bitte auch noch ein viertes Mal herzlich wiederholt wird, hast du guten Grund zur Annahme, dass sie ernst gemeint ist.

Wenn schon zu Beginn Geld ins Spiel gebracht wird, kannst du davon ausgehen, dass dein Gegenüber die Einladung als Geschäft betrachtet. Bevor du dich darauf einlässt, frage dich, zu welcher Gegenleistung du bereit bist. Das muss nicht zwingend eine schlechte Erfahrung werden – auch aus Hausbesuchen mit Verkaufsgespräch habe ich schon sehr viele positive Eindrücke mitgenommen.

Die Höflichkeit gebietet es, Gastgeschenke mitzubringen. Hier sind deiner Kreativität keine Grenzen gesetzt. Orientiere dich an den lokalen Gegebenheiten. Grundnahrungsmittel sind immer eine gute Idee. Für Kinder sind Schreibwaren oder kleinere Spielsachen, wie etwa Aufkleber, geeignet (je bunter, desto besser). Auf der Reise durch Afrika hatte ich eine Sporttasche voller kleiner Bälle dabei –

die waren auf jedem Dorfplatz der Renner. Fußball funktioniert als Anknüpfungspunkt fast überall. Wenn die Familie wohlhabender ist, kannst du durch Mitbringsel aus der Heimat glänzen: Souvenirs oder Nahrungsmittel, die sie nicht kennen. Mit Süßwaren, Tabak oder Alkohol halte ich mich persönlich zurück, das muss aber jeder für sich entscheiden.

Kulturkreise, in denen Frauen und Kinder mit dem Essen warten müssen, bis der Hausherr und die Gäste satt sind, habe ich persönlich als die größte Herausforderung empfunden. Hier habe ich darauf verzichtet, mich satt zu essen, sondern nur höflich einen kleinen Happen zu mir genommen, um den Herrn des Hauses nicht vor den Kopf zu stoßen.

Ich kenne die Familiengeschichten vieler meiner Gastgeber, weil an irgendeinem Punkt der Unterhaltung Fotoalben hervorgeholt wurden. Es ist heute sehr einfach, Fotobücher in kleinen Formaten zu erstellen – hierfür gibt es zahlreiche Anbieter im Internet. Die Mühe, die eigene Familiensaga auf einigen Seiten zusammenzufassen, lohnt sich. Bilder von der Heimatstadt, Hochzeitsfotos oder Aufnahmen der Einschulung der Kinder … Eure Gastgeber werden es lieben!

Ein weiterer Tipp, um die Unterhaltung in Gang zu halten, besonders wenn eine gemeinsame Sprache fehlt: Es gibt im Handel

Bildwörterbücher mit Tausenden von Symbolen, die selbsterklärend sind.

Und zu guter Letzt: Menschen lieben Spiele. Verstecken, Verkleiden und Tanzreime werden überall auf der Welt verstanden. Vielleicht hast du ja ein Lieblingskartenspiel, das leicht zu lernen ist? Lass es auf einen Versuch ankommen – du wirst sehen, Spielen verbindet.

Gastfreundschaft wird in Georgien groß geschrieben. Wir werden häufig zum Essen eingeladen.

Nicht ganz Tausendundeine Nacht – die vielen Farben des Iran

Ja, ich könnte es mir leicht machen, all die Orte wie aus Tausendundeiner Nacht beschreiben und von der Gastfreundschaft der Iraner schwärmen ... Doch ich tue mich schwer damit, und das nicht nur, weil die Regierung auf ihre Bürger schießen lässt. Der Iran ist komplex, und in den nur fünf Wochen Aufenthalt können wir lediglich an der Oberfläche kratzen.

Es brodle, berichten uns die Einheimischen hinter vorgehaltener Hand. Sie haben genug davon, als Terroristen abgestempelt zu werden, haben genug von der Führungselite, die den Koran zwar beinahe auswendig kennt, aber – ihrer Meinung nach – von Wirtschaftsökonomie keine Ahnung hat. Man wisse oft nicht einmal, ob es am nächsten Tag noch Benzin gebe und was man sich für das inflationsgebeutelte Geld noch leisten könne.

Wo immer wir unterwegs sind, bemühen sich die Iraner darum, so wahrgenommen zu werden, wie sie sich selbst sehen: fröhlich, gastfreundlich, kinderlieb und hilfsbereit.

Trotzdem schwingt für mich im Grundgefühl stets ein leichtes Unbehagen, eine Art Dauermelancholie mit. Sinnbild dafür sind die Frauen im schwarzen Tschador, die durch die engen Gassen huschen, als wollten sie sich unsichtbar machen.

Ein Visum für den Iran zu bekommen ist nur insofern komplex, dass wir uns einbilden, allein über das Online-Antragsformular an die Einreiseerlaubnis zu kommen. Doch das stellt sich als Irrtum heraus. Der Antrag wird abgelehnt, mit dem freundlichen Hinweis, wir sollen doch eine Agentur einschalten – und so klappt es mit zwei Wochen Verspätung auch wirklich.

Wir reisen über Armenien ein. Ab jetzt tragen wir lange Kleidung, Socken in den Sandalen und ich den Hijab, das Kopftuch. Noch bin ich optimistisch, denke, dass ich gut damit klarkomme, wenn ich ihn als Schmuckstück begreife.

Da die Geldautomaten keine amerikanischen Kartenprodukte akzeptieren, tauschen wir Euro gegen Rial. Der offizielle Wechselkurs liegt 2019 bei vier Millionen Rial für hundert Euro. In der Wechselstube bekomme ich das Dreifache – nun sind wir mehrfache Millionäre. Die Herausforderung besteht darin, die zahlreichen Bündel an Scheinen sinnvoll unterzubringen. In den ersten Tagen halte ich den stets korrekten Iranern beim Bezahlen kurzerhand ein Bündel Rial unter die Nase und lasse sie sich bedienen. Kaufleute haben eine spezielle Technik entwickelt, um die Scheine rasch zu zählen. Mein

Herumfummeln dauert ihnen zu lange. Iraner zahlen, sofern möglich, nur noch mit Karte, einem Eigenprodukt. Außerdem hat sich in der Bevölkerung eine fiktive Währung eingebürgert, um dem Nullen-Wahnsinn zu begegnen: der Tuman. Der hat je nach Gusto eine Null weniger oder gar keine mehr. Für uns wird das zum täglichen Gehirnjogging. Nur langsam bekommen wir ein Gefühl für die Preisstruktur. Kurz gesagt: Nahrungsmittel und Diesel kosten aus unserer Perspektive praktisch nichts. Fleisch kostet so viel wie bei uns zu Hause (der Preis hat sich hier aber, wie uns die Einheimischen sagen, in den letzten Monaten verdreifacht). Für Iraner mit einem Durchschnittseinkommen von umgerechnet fünfhundert Euro im Monat ist dies kaum mehr erschwinglich. Wir suchen nach Hinweisen auf den Einfluss der Sanktionen aus dem Westen und finden oberflächlich kaum welche. Das Warenangebot in Kaufhäusern unterscheidet sich im Prinzip nicht von dem bei uns, nur dass es sich um andere Marken handelt. Vieles davon, einschließlich Autos und Textilien, sind „made in Iran". Ich habe allerdings den Eindruck, dass die ordentlich aufgereihten Kühlschränke und Waschmaschinen in den Läden einstauben, weil sich die Iraner die Produkte schlicht nicht leisten können.

Für die ersten Tage haben wir in einem größeren Ort namens Orumiyeh ein Hotelzimmer gebucht. Auch das ist eine Vorschrift, um an ein Visum zu kommen. Unser sandfarbener Land Rover passt hervorragend in die Landschaft und parkt in einem kleinen Garten vor dem Hotel. Als ich einchecken will, bittet mich die Dame an der Rezeption höflich, auf der Couch Platz zu nehmen, bis mein Mann kommt. Ich unternehme erst gar nicht den Versuch, ihr zu erklären, dass der gar keine Absicht hat, mir die Aufgabe des Check-ins abzunehmen. Daher ignoriere ich ihre Aufforderung ebenso wie die Frage, ob wir getrennte Betten wollen.

Das Zimmer ist sauber und geräumig. Eigentlich haben wir vor, hier nur das Bad zu benutzen und im Land Rover zu übernachten, aber der Verkehrslärm ist so ohrenbetäubend, dass wir schon in der zweiten Nacht das Hotelzimmer unseren eigenen vier Wänden vorziehen.

Da wir für unser Auto noch eine Versicherung brauchen, vermitteln die höflichen Damen an der Rezeption, die gutes Englisch sprechen, dem Taxifahrer, wo es mit uns hingehen soll.

Der Abteilungsleiter der Versicherung überschlägt sich beinahe vor Freundlichkeit und verspricht, unser Problem zu lösen. Auch er spricht so gut Englisch, dass die weitere Verständigung kein Problem darstellt. Da der Verwaltungsakt einige Zeit in Anspruch nimmt, machen wir es uns in seinem Büro bei Kokoskeksen und Nescafé gemütlich. Unzählige Mitarbeiter kommen vorbei, testen ihr Englisch und geben uns einen Vorgeschmack auf Unterhaltungen, die sich über die nächsten Wochen hinweg immer wieder nach diesem Schema entspinnen werden: „Aus welchem Land kommst du?", „Wie bist du hierhergekommen?", „Wie lange bleibst du?", „Was möchtest du sehen?", „Wie gefällt dir unser Land?", „Was ist dein Beruf?"

Wir werden mit jeder Menge touristischem An-
schauungsmaterial versorgt, und irgendwann habe
ich das Gefühl, nicht in einer Versicherung, sondern in einem Reisebüro zu sein. Als wir die Rechnung begleichen müssen, stehen wir vor einem
Problem, denn die Versicherung nimmt nur Kreditkarten als Zahlungsmittel an, aber natürlich keine
von VISA. Der Mitarbeiter, der sich um uns geküm-
mert hat, zückt seine Karte und bezahlt in unserem
Namen. Wir geben ihm das Geld in bar. Pragmatisch, die Iraner.

Der Basar in Orumiyeh befindet sich in einem
Gebäude mit vielen (für uns verwirrenden) Gängen
und reich verzierten Kuppeldächern. Im Basar reiht
sich Geschäft an Geschäft. Souvenirs gibt es hier
nicht, niemand versucht uns etwas zu verkaufen.
Nur verstohlene Blicke und ein gelegentliches
„Willkommen in Iran!". Nahrungsmittel, Kleidung,
Teppiche, Haushaltswaren – das Angebot ist um-
fangreich. Ich kann mich an den bunten Gewürzen
gar nicht sattsehen und ärgere mich, dass meine
Videokamera keine Gerüche aufnehmen kann. Als
wir aus dem Gassengewirr wieder herausfinden,
werden wir von einem Herrn höflich in bestem
britischem Englisch angesprochen. Es stellt sich heraus, dass er Englischlehrer ist, sich derzeit aber mit
der Reparatur von Nähmaschinen über Wasser hält;
eine Beschäftigung, die ihn langweilt. Sein Lehrerjob
ist gerade nicht populär. Er fragt uns, ob wir denn
einer Beschäftigung nachgehen würden, die uns
Freude bereite. Was ich für ein Glück habe, meinen
Beruf frei wählen und ausüben zu dürfen, ist mir
bis dahin gar nicht bewusst gewesen. Freiheit wird

offenbar erst bewusst erlebt, wenn sie fehlt. Der Englischlehrer möchte uns zu sich nach Hause zum Essen einladen. Seine Kinder hat er zweisprachig erzogen – der Austausch mit uns würde ihnen guttun. Wir lehnen die Einladung höflich ab, denn wir wissen nicht, ob unsere Bewirtung nicht völlig über seine Verhältnisse ginge. Wie es in Iran Sitte ist, wird die Einladung ebenso wie die freundliche Ablehnung noch mehrfach wiederholt, bis das Nein als Nein akzeptiert wird.

Als Individualtouristen mit fahrendem Heim sind wir Exoten, auch wenn der Iran als Reiseziel immer beliebter wird. Die Liebe der Iraner zu Touristen kann jedoch gefährlich sein, denn nahezu jedes Individuum muss uns mit dem Mobiltelefon festhalten, am liebsten als Selfie. Ich möchte gar nicht wissen, auf wie vielen Instagram-Accounts wir mittlerweile zu sehen sind. Wenn wir fahren, werden wir von anderen Verkehrsteilnehmern mit dem Auto oder dem Motorrad umrundet, bis das 360-Grad-Video vollendet ist. Dass dabei halsbrecherische Fahrmanöver nötig sind, die uns wiederum zum Ausweichen oder zur Vollbremsung nötigen, ist aus der Sicht der Iraner hinzunehmen. Eine weitere beliebte Variante ist, auf den Standstreifen zu fahren und direkt vor uns die Fahrertür aufzureißen, um zu filmen, uns etwas zuzurufen oder zu winken. Wir üben uns in Gelassenheit. So müssen sich Stars und Sternchen fühlen.

Auch mit über tausendfünfhundert Kilometern Reichweite müssen wir in einem Land, das halb so groß wie Indien ist, gelegentlich tanken. Die meisten

PKWs und Busse in Iran fahren mit Gas – es riecht scheußlich. Nur LKWs fahren mit Diesel. Dementsprechend gibt es nur wenige Tankstellen, die Diesel führen. Außerdem bekommt nur derjenige Treibstoff, der eine Tankkarte hat – wir haben natürlich keine, aber die meisten LKW-Fahrer borgen uns ihre gern, bevor sie eingehüllt in eine schwarze Wolke mit ihren urzeitlichen knallorangen Rundhaubern weiterrauschen.

Der Dieselpreis pro Liter wird sich während unseres Aufenthalts verfünffachen. Da es sich nur um Centbeträge handelt, ist das eigentlich keine Erwähnung wert – im Nachhinein begreifen wir aber, dass wir Zeuge der Treibstoffrationierung wurden, die wenig später zum Zündfunken für eine Revolte wird.

Iraner leiden als Autofahrer an absoluter Selbstüberschätzung. Die Polizei ist dazu übergegangen, die am schlimmsten zugerichteten Unfallwagen zur Abschreckung auf dem Dach der Polizeistation auszustellen. Allerdings haben wir nicht den Eindruck, dass es wirkt. Um die Verkehrsteilnehmer der niederen Hierarchiestufen mache ich mir ernsthaft Sorgen. Mopeds zum Beispiel, auf denen ganze Familien – natürlich alle ohne Helm – unterwegs sind.

Am Straßenrand stehen Bauern mit ihren Pick-ups und verkaufen ihre Waren an die Vorbeifahrenden direkt von der Ladefläche aus. Peter möchte Tomaten. Als ich mir aus einer Kiste vier bis fünf besonders schöne Exemplare aussuche, schaut mich der Bauer verdutzt an. Ich brauche eine Weile, um zu begreifen, dass er nur kistenweise verkauft. In den folgenden Tagen gibt es sehr viele Gerichte mit Tomaten.

Heute parken wir in einem kleinen Waldstück, das tagsüber noch mit sehr vielen Iranern bevölkert war, die bei Einbruch der Dunkelheit aber gefahren sind. Wir sitzen gerade beim Abendessen, als es an der Tür klopft. Wir schauen uns verdutzt an, Peter zieht sich ein adäquates Kleidungsstück an und öffnet. Draußen steht die Polizei. Wir können nur vermuten, dass man hier wohl nicht übernachten darf, aber da weder wir sie noch sie uns verstehen, ziehen die Beamten schulterzuckend wieder ab. Wir bleiben und verleben eine sehr ruhige Nacht bei mildem Klima – eine Wohltat, denn tagsüber klettert das Thermometer auch Anfang Oktober noch auf über vierzig Grad. Unter anderem deshalb beginne ich schon nach wenigen Tagen, die strengen Bekleidungsvorschriften, die hier auch für uns Pflicht sind, leise zu verfluchen.

Je weiter südlich wir kommen, umso heißer wird es – selbst im Zāgros-Gebirge, das über zahlreiche Viertausender verfügt. Die Landschaft ist berauschend schön, mit schroffen Felsen und vereinzelt stehenden Bäumen, die ihre Schatten auf den kahlen Stein werfen und dabei aussehen wie Stecknadeln in einem Stück Stoff. Peter sucht uns ein Camp an einem Flusslauf. Dort angekommen springt er sofort in die Badehose und kühlt sich ab. Bruno begleitet ihn. Ich bleibe am Ufer zurück, denn ich darf der Landessitte folgend nur in voller Montur ins Wasser. Die selbstbewusste Mitfünfzigerin in mir wird langsam rebellisch. Am liebsten würde ich im Bikini ins Wasser springen, und als ich Peter über mein Vorhaben in Kenntnis setze, geraten wir in Streit. Er hat keine Lust auf eine Auseinandersetzung mit der Polizei. Am Ende würde *er* noch eingesperrt, weil er für mich verantwortlich sei. Diese Denke liegt mir dermaßen fern! Die Iranerinnen sehen immer anmutig aus in Tschador und Hijab – nie verschwitzt –, aber es gibt auch Frauen, die mit mir fühlen. Wenn sie könnten, wie sie wollten, würden sie den Schleier sofort ablegen. Mein Glück ist, dass ich das alles als Erfahrung verbuchen kann, weil ich wieder gehen werde. Aber die Frauen hier haben keine Wahl.

Peter kauft Getränke. Als er zurückkommt, schüttelt er ungläubig den Kopf: Weil wir Gäste sind, wollte der Verkäufer von ihm kein Geld annehmen. So ergeht es uns häufiger, und wenn wir darauf bestehen, zu zahlen, bekommen wir zumindest kleine Geschenke wie Kekse, Schokolade oder Obst obendrauf.

Die Nachmittagssonne beginnt lange Schatten zu werfen. Die Straße ist schnurgerade. So weit das Auge reicht Raffinerien und brennende Ölfelder. Roland Emmerich hätte an dieser Endzeitstimmung seine wahre Freude. Mir hingegen wird langsam etwas mulmig. Wenn Trump auf dumme Gedanken kommt, ist dies hier der letzte Ort, an dem ich sein will. Also schnell weiter. Inzwischen ist es dunkel. Das GPS zeigt uns am Ende einer Sackgasse einen See, in dem wir ein Trinkwasserreservoir vermuten. Dort angekommen: eine Polizeisperre.

„Können wir bei euch übernachten?"

„Ja klar, kein Problem!"

Bruno flitzt über den Parkplatz. Ein Pärchen Schakale kommt vorbei und begrüßt ihn lautstark. Erinnerungen an Afrika werden wach. Wir schlafen tief und fest, allerdings nicht lange, denn gegen sechs Uhr ist Schichtwechsel. Die neue Wache klopft energisch gegen unsere Hecktür und bedeutet uns, dass wir uns schleichen sollen. Das hier sei eben eine Polizeistation und kein Campingplatz. Wir raffen eilig unsere sieben Sachen zusammen, und noch bevor ich irgendetwas einwenden kann, hat einer der Polizisten auf unserem Beifahrersitz Platz genommen. Wir sind sein Taxi in die Stadt.

Doch ohne diesen Weckruf hätten wir die wundervolle Morgenstimmung im Flusstal glatt verpasst. Wir sind auch nicht die Einzigen, die so früh unterwegs sind: Schulkinder in ihren Uniformen, Bauern auf den Reisfeldern, Bäcker, die frische Ware ausliefern. Die goldene Morgensonne taucht alles in bunte Regenbogenfarben.

Später hält Peter bei einem Metzger. Inzwischen hat er sich das Wichtigste auf Farsi gemerkt. Er fragt: „Ist das Kuh?"

Der Metzger lacht und antwortet: „Gestern war es noch eine."

In Yasudsch gibt es im Schatten der Bäume einen schönen Platz mit zahlreichen Wasserstellen. Er ist bei den Einheimischen sehr beliebt – sie haben Zelte zum Übernachten mitgebracht und Teppiche, die sie auf eigens dafür vorgesehenen Plattformen aus Beton ausbreiten. Kaum ausgepackt, wird mit der Teezeremonie begonnen. Wir werden von einem

Mann Mitte zwanzig angesprochen und zum Tee mit seiner Familie eingeladen. Er verfügt über einen großen Wortschatz und beherrscht die englische Grammatik perfekt. Er erklärt uns, dass er sich die Sprache über YouTube-Videos selbst beigebracht habe. Das ist auf zweifache Weise erstaunlich, denn man muss schon sehr diszipliniert sein, um im Eigenstudium so weit zu kommen … noch dazu über eine Plattform, die in Iran eigentlich gesperrt ist. Er erzählt uns freimütig, dass er auch andere verbotene Social-Media-Plattformen nutze – er dürfe sich nur nicht dabei erwischen lassen. Mir scheint, das ist die stille Rebellion der Jugend und eines der Schlupflöcher, über die Nachrichten nach außen dringen, wenn sonst gar nichts mehr geht. Mehdi spricht davon, dass sein Vater als Lehrer so wenig Geld verdiene, dass er, um die Familie über Wasser zu halten, einem zweiten Job nachgehen müsse. Ein Sozialsystem gibt es in der Theorie zwar für alle, in der Praxis kümmert es sich aber nur um Staatsdiener. Für alle anderen ist die Großfamilie zuständig. Vom Staat bekommt jede Familie im Monat drei Euro aus den Öleinnahmen – das findet so mancher Iraner lächerlich. Die Jungen träumen von einer Zukunft im Ausland, auch Mehdi. Er will nach Neuseeland, ist durch sein abgeschlossenes Studium gut ausgebildet, findet in der Heimat aber dennoch keinen Job.

Peter verabschiedet sich formvollendet auf Farsi und Mehdi konstatiert: „Dein Farsi ist besser als dein Englisch." Das sitzt. Wohl wissend, dass dies in seinem Land als Unsitte gilt, gibt er mir zum Abschied die Hand.

Wir bieten ihm unsere Hilfe an, sollte er sich entschließen, nach Deutschland zu kommen.

Wir sitzen wieder einmal beim Abendessen, als es energisch an der Tür klopft. Ich verziehe mich in einen Winkel, in dem ich nicht zu sehen bin – ich trage mein Kopftuch nicht. Peter öffnet die Tür. Einmal mehr die Polizei. Der Beamte will beim Small Talk sein Englisch ausprobieren und die obligatorische (nicht ernst gemeinte) Einladung zum Essen aussprechen. Dabei versucht er immer wieder, ins Auto zu gucken, was Peter durch geschickte Körperhaltung zu verhindern weiß. Ich verstehe diese Männer nicht. Ihre eigenen Frauen müssen sich bis zur Unkenntlichkeit verhüllen, aber sobald eine Ausländerin in der Nähe ist, wird sie von oben bis unten taxiert. Das geht mir auch auf der Straße so und inzwischen reichlich auf die Nerven. Fotos werden sowieso dauernd gemacht, von Männern meist ungefragt; Frauen fragen mich zumindest, ob ich Lust auf ein Selfie habe. Der Polizist lallt. Hat der tatsächlich getrunken? Kann eigentlich nicht sein, denn in Iran ist Alkoholkonsum verboten … Mit einem an Peter gerichteten „I love you!" verabschiedet er sich.

Am Morgen hat sich in geringer Entfernung zu unserem Auto eine Streife installiert und schaut zu, wie wir unsere Haushaltstätigkeiten verrichten – ich natürlich züchtig in langer Kleidung und Kopftuch. Ich fange an, dieses Ding zu hassen; nicht weil es mir als Kleidungsstück auf den Wecker geht, sondern weil die davon ausgehende Symbolkraft inzwischen derart gegen meine Überzeugung geht, dass ich schreien möchte. Ich mache mir bewusst, dass ich zur Gleichberechtigung erzogen wurde. Schon meine Lehrer haben mir mitgegeben, dass ich auf nichts weniger als die ganze Welt Anspruch habe – dass ich unbequem sein darf. „Seid nicht das Öl, sondern der Sand im Getriebe der Welt!", hat uns die Deutschlehrerin mit auf den Weg gegeben. Wohl auch deshalb habe ich viele Jahrzehnte später und Tausende Kilometer weit weg ein massives Problem damit, wegen meines Geschlechts diskriminiert zu werden.

Zugegeben, wir sind eigentlich der zauberhaften Landschaften wegen gekommen. Wir wollten die hohen Berge und großen Wüsten sehen, doch zu unserer Überraschung stellen wir nach den ersten Wochen fest, dass uns die Städte ebenso faszinieren. Shiraz ist eine davon. Wir steigen im Park Hotel ab, einer Anlage, die aus der Zeit gefallen ist. Seine Blütezeit erlebte es wohl in der Ära Reza Pahlavis, und seither scheint keine Modernisierung mehr stattgefunden zu haben. Gerade wurde dem Hotel der vierte Stern aberkannt, weshalb kaum noch ausländische Gäste hier absteigen. Schade eigentlich, denn die Zimmer sind sauber und ordentlich, die Servicekräfte sehr freundlich und hilfsbereit. Frühstück gibt es im Palmengarten. Das Buffet ist unter einem gläsernen Pavillon aufgebaut. Aus den Lautsprechern tönt noch die gleiche Musik wie zur Hoteleröffnung – so vermute ich zumindest: alte amerikanische Filmmusik und Jazz. Den Cadillac mit amerikanischem Nummernschild auf dem Parkplatz haben sie mit Tüchern verhüllt.

Bruno findet es hier toll, denn es gibt zahlreiche Volieren mit allerhand Federvieh und er hat in der geräumigen Parkanlage Gelegenheit zum Auslauf. Direkt vor dem Hotel gibt es einen Laden mit Espressomaschine. Guter Kaffee ist für uns lange her – der Betreiber wird unser bester Freund vor Ort. Bei ihm lernen wir einen Iraner kennen, der in Deutschland ein Studium aufgenommen hatte und dann zurückkommen musste, weil seine Mutter Alzheimer bekam. Er spricht fließend Deutsch und verdient sich hier als Reiseführer sein Geld. Sein Mitteilungsdrang ist so groß, dass er selbst für uns fast schon zu schnell spricht. Er versteht nicht, warum die Landesführung nichts tut, um die Wirtschaft auf die Beine zu bringen.

Beim Stadtrundgang können wir den Traum von Persien zum ersten Mal auf dieser Reise mit der Realität in Einklang bringen. Neben einem gigantischen Basar sehen wir zahlreiche Moscheen. Wir besuchen gepflegte, bunt angelegte Gärten und historische Bauten und essen am Abend an einer der zahlreichen Grillstationen, die auf dem Gehweg aufgebaut sind. Die Fleischspieße werden auf einem riesigen silbernen Tablett angerichtet, das fast vollständig mit Nan – einer landestypischen Brotsorte – bedeckt ist. Gewürzt wird sparsam mit frischem Basilikum, Limettensaft und grobem Salz. Schon für diesen Anblick würde ich alle Restaurants der Umgebung links liegen lassen.

Shiraz' Basare sind ein ganz eigener Kosmos. Hier gibt es nicht nur Hunderte von Geschäften und Werkstätten, sondern auch Cafés, Restaurants, Moscheen, Lebensmittelläden und sogar Badehäuser. Wir könnten uns dort für Tage verlieren. Entgegen jeder Erwartung werden wir auch hier nicht bedrängt, etwas zu kaufen. Wir schauen ganz unbehelligt die Ware an, und erst wenn wir Fragen stellen, entwickelt sich ein Verkaufsgespräch. Beim Teppichhändler können wir uns sogar auf Deutsch unterhalten, denn der Bruder des Verkäufers lebt in München, hat dort einen Laden. Der Händler erklärt, er beziehe seine Teppiche von Nomadenfrauen aus dem Norden Persiens. Sie würden auf dem Boden sitzend weben und die Muster nach ihrer eigenen Fantasie entwerfen. Früher hätten sie Naturfarben benutzt, das sei heute nicht mehr so. Für einen Teppich mittlerer Größe würden sie zwei Monate brauchen. Ich entscheide mich für ein Exemplar mit viel Orange, meiner Lieblingsfarbe. So habe ich ein individuelles Stück, das mich zu Hause an die Reise erinnern wird.

Yazd ist eine weitere Großstadt mit besonderem Flair. Sie liegt wie eine Oase in wüstenhafter Landschaft, umgeben von Bergen mit wenig Vegetation. Das Silk Road Hotel erlaubt es Langzeitreisenden, ihr Camp auf dem Parkplatz aufzuschlagen. Um die Dusche im Hotel zu benutzen, müssen wir nur etwas im Restaurant konsumieren – das fällt uns nicht schwer. Schwieriger ist es, mit unserem Land

Rover durch das enge, verwinkelte Gassengewirr zwischen den Lehmbauten zum Parkplatz zu gelangen. Am Ende fahren wir in vollem Bewusstsein in falscher Richtung in eine Einbahnstraße direkt auf die große Moschee zu und winken dabei freundlich allen Händlern zu, die uns durch Handzeichen auf unseren Fehler aufmerksam machen wollen.

Die Stadt zieht uns sofort in ihren Bann. Für Bruno bedeutet der Aufenthalt allerdings drei Tage Haft, denn auch wenn die iranische Bevölkerung unserem süßen Vierbeiner in großen Teilen Sympathie entgegenbringt, so ist seine Anwesenheit hier offiziell nicht erwünscht. Die Temperaturen über fünfunddreißig Grad machen seine Situation nicht gerade besser. Wir tun alles, um es ihm im Landy so angenehm wie möglich zu machen: Verdunklung, Querlüftung und eine gelegentliche Spritzwasserdusche. Am frühen Morgen und am Abend darf er raus, mit den Kindern anderer Reisender spielen. Dann rennt er über den Parkplatz seinem Ball hinterher, sehr zur Erheiterung aller Umstehenden.

Auf der Suche nach einem Baum für Brunos dringende Geschäfte erkunden wir die verwinkelten Gassen zwischen Lehmbauten und Windtürmen. Hier muss man seine sieben Sinne beisammenhaben, um sich nicht zu verlaufen. Als es dunkel wird, der Muezzin ruft und die Moscheen der Umgebung in bunten Farben erstrahlen, hat mich die Stadt vollends für sich gewonnen.

Beim Frühstück im Silk Road bekommt Peter ein Hochgefühl, denn es gibt einen Toaster! Was man auf einer Langzeitreise so alles vermisst, ist schon lustig. Ich zum Beispiel habe sofort die Kaffeemaschine als meine beste Freundin ausgemacht. Natürlich mag ich auch die Bandbreite der angebotenen Teesorten, aber für den Effekt brauche ich am Morgen Koffein, und das kann der hier übliche Nescafé einfach nicht bieten.

Auch in Yazd verbringen wir viele Stunden auf dem Basar und lernen dabei allerlei Handwerk kennen. Am meisten begeistert mich der Schmied, der hier mit Feuer, Hammerschmiede und Wasserbottich noch von Hand Geräte fertigt wie etwa die Köpfe von Spitzhacken. Natürlich besuchen wir auch die Moscheen – zumindest die, die für Gäste zugänglich sind; Oasen der Ruhe. Die Gläubigen sitzen auf Teppichen auf dem Boden. Das finde ich viel gemütlicher als die meist unbequemen Bänke, die ich aus Kirchen gewohnt bin. Mir fällt auf, dass hier jede Altersstufe vertreten ist. Natürlich kann ich nicht beurteilen, ob sie alle freiwillig hier sind, aber der Unterschied zu unseren überalterten Gottesdiensten ist schon offenkundig.

Weil auch in Yazd der Besuch eines Gartens nicht fehlen darf, schlendern wir in der Nachmittagssonne zum Dowlat Abad. Hier wird ein riesiger Brunnen von zwei Seiten durch Gebäude begrenzt, eines davon trägt einen sehr hohen Windturm, der für Kühlung sorgt. Die Fenster des achteckigen Baus sind über und über mit bunten Glasscheiben verziert – die bunten Spiegelungen der Mosaike an Wänden, Decke und Boden muten wie eine Malerei an. „Der Iran hat so viele Farben …", sage ich zu Peter.

An diesem Abend gönnen wir uns etwas Besonderes: Das Orient Hotel hat ein Dachgartenrestaurant, dort speisen wir über den bunt angestrahlten

Sehenswürdigkeiten der Stadt. Peter wählt das vegetarische Gericht, ich kann nicht anders und muss Kamelfleisch probieren. Leider sehr lecker. Dazu trinken wir alkoholfreies Bier; unser Standard seit der Einreise. Es gibt unglaublich viele Varianten davon – sehr viel mehr als bei uns zu Hause –, manche durch Fruchtsaftzusätze fast schon widerlich süß, andere aber wiederum sehr trinkbar.

Als Verdauungsspaziergang laufen wir zu einem dreigeschossigen Bau, der nachts bunt angestrahlt wird und in keinem Reiseführer fehlt. Auch wenn er aussieht wie eine Moschee, so beherbergt das Gebäude Ladenzeilen – die iranische Version einer Mall.

Ich bin in Fleece-Pulli – die Kapuze tief ins Gesicht gezogen – und Jogginghose auf dem allmorgendlichen Hundespaziergang zum einzigen Baum in erreichbarer Entfernung. Als ich am Hinterausgang der Freitagsmoschee vorbei in eine der von Lehmbauten gesäumten Gassen verschwinde, pfeift plötzlich jemand hinter mir her. Ich reagiere zunächst nicht, ich bin ja kein Hund, als aber aus dem Pfeifen ein Rufen wird, drehe ich mich doch um. Ein Polizist. Er deutet vorwurfsvoll auf Bruno und sagt knapp: „Dog, no!" – kein Hund. Ich muss vehement einen schnippischen Tonfall unterdrücken, als ich ihm erkläre, dass mein Hund nun mal Bedürfnisse hat. Beschwichtigend füge ich hinzu, dass wir dann direkt wieder zum Hotel zurückkehren werden. Das besänftigt den Staatsdiener. Uns signalisiert das Zusammentreffen aber, dass unsere Zeit hier zu Ende geht, und so packen wir später am Tag zusammen, verabschieden uns von der

Reisegemeinschaft aus Deutschen, Schweizern und Niederländern und ziehen weiter in Richtung Wüste.

Wir verschwinden zwischen ein paar Hügeln der südlichen Ausläufer der Dasht-e Kavir. Bruno kann sein Freiheitsglück kaum fassen und rennt vor lauter Freude unzählige Kringel in den Sand. Wir bestaunen währenddessen den Sternenhimmel, an dem sich zu späterer Stunde die Milchstraße zeigt.

Dann erreichen wir die ersten hohen Dünen. Wie lange haben wir das schon nicht mehr gesehen? Die endlos scheinende Wüste wird von der schnurgeraden Teerstraße in zwei Hälften geteilt. In der Entfernung erkennen wir eine Oase mit Palmen und ein paar Lehmhütten. Uns kommt ein kleiner Junge auf einem Motorrad entgegen – der einzige andere Verkehrsteilnehmer an diesem Tag. Gegen Nachmittag erreichen wir die Oase Garmeh und entdecken in einem ehemaligen Palmenhain ein tolles Plätzchen. Den Landy stellen wir in den Schatten des einzigen Strauchs weit und breit, dann erklimmen wir den Hügel und genießen die gigantische Aussicht in die Weite der Dasht-e Kavir.

Am Abend dann endlich wieder einmal Lagerfeuer. Wir schauen in die Flammen und Bruno in die Dunkelheit, aus der allerhand Gerüche an seine Nase dringen. Er ist offenbar mit der Welt wieder versöhnt. Zum Ruf der Schakale schlafen wir ein.

Im kleinen Ort Zavareh ist heute Markttag. Händler verkaufen Kräuter in riesigen Bündeln, von einem Lastwagen wurde eine Ladung Gurken auf den Boden gekippt, und davor kauern unzählige Frauen im Tschador, um die für sie besten Exemplare auszuwählen. Die dominante Farbe auf diesem Markt ist Schwarz, und obwohl die Frauen sich unterhalten, herrscht hier so etwas wie eine geschäftige Stille. Während wir in unserer bunten Outdoorkleidung den Basar durchqueren, drehen sich sämtliche Köpfe nach uns um.

In einem Gemischtwarenladen will ich Milch besorgen, doch der Kassierer weigert sich, mir die Flasche zu verkaufen. Ich schaue mich hilfesuchend um, bis eine der umstehenden Frauen auf das Verfallsdatum zeigt und eine Schnute zieht: *„27.07.1398"*. Dieser Termin liegt definitiv in der Vergangenheit, hier allerdings erst seit ein paar Tagen. Der Iran hat eine eigene Zeitrechnung.

Die Landschaften des Iran sind märchenhaft

Der erste Regen. Die anderen Fahrzeuge auf der gebührenpflichtigen Autobahn sind fast ausnahmslos LKWs. Peter muss sich konzentrieren, um auf der ölverschmierten Straße keinen Fahrfehler zu machen. Dann die erste Mautstelle. Der Kassierer schmettert uns ein fröhliches „No pay, welcome to Iran!" entgegen. Als Gäste zahlen wir hier nichts. Ich lasse die Landschaft an mir vorbeiziehen. Die roten Felsen heben sich von den herannahenden Gewitterwolken ab, im Vordergrund leuchten die Gräser golden im letzten Sonnenlicht. Ein 180-Grad-Regenbogen entsteht. Die Abschiedsfarben des Iran.

An einer Kreuzung mit Ampel halten wir. Ein Linienbus biegt um die Ecke, und der Fahrer muss ganz schön zirkeln, um nicht mit entgegenkommenden Autos zusammenzustoßen. Trotzdem findet er noch Zeit, um zu winken und uns ein fröhliches „Willkommen in Iran!" zuzurufen. Ich versuche mir vorzustellen, wie die gleiche Szene bei uns zu Hause verlaufen würde.

In Maku wollen wir in die Türkei einreisen. Schon von Weitem begrüßt uns in voller Pracht der Ararat. Wir sind gut vorbereitet, haben Kopien unserer Pässe und des Zolldokuments für das Auto dabei, außerdem haben wir gut gefrühstückt und uns darauf eingestellt, dass es länger dauern wird. In der Schlange stehen viele Frauen und Männer aus Iran, die sich in der Türkei eine Auszeit gönnen wollen. Während Peter die Formalitäten erledigt, kommt er im Lauf der nächsten Stunden mit vielen von ihnen ins Gespräch. Ich bleibe derweil im Landy und fahre den Wagen schrittweise in Richtung Grenzposten. Als ich vorn ankomme, werde ich von einem Grenzbeamten angewiesen, zu parken. Streng guckt er, aber nach einer Weile kommt er mit einer Flasche herrlich kühlem Wasser zurück. Ich lehne bestimmt zehnmal ab, aber er legt sie mir durch das offene Fenster einfach in den Schoß. Beim nächsten Mal hat er Oliven dabei, gefolgt von Kuchen und Schokoriegeln. Jedes Mal zwinkert er mir verschwörerisch zu. Inzwischen lache ich nur noch schicksalsergeben. Ich hoffe, dass Peter bald zurückkommt, sonst kann ich einen Laden eröffnen.

Wir zeigen unsere Visablätter vor, denn der Iran verzichtet freundlicherweise darauf, die Reisepässe zu stempeln – das vermeidet Probleme bei der Einreise in andere Staaten. Dann stellen wir uns in der Warteschlange für die Passkontrolle der Türkei an. Eine Iranerin verteilt an alle Umstehenden Äpfel, zwei junge Iranerinnen legen auf der anderen Seite des Zauns umgehend ihre Kopftücher ab. Ja, Kleiderzwang ist eine Form der Unterdrückung.

Endlich passieren wir die Schranke mit unserem Fahrzeug und werden wie in einer finalen Filmszene von den Iranern, die wir hier kennengelernt haben, in Empfang genommen. Aus allen Richtungen winken sie uns zu, freuen sich, dass wir die Formalitäten nach nur drei Stunden überstanden haben, und wünschen uns eine gute Weiterreise. Täuschen wir uns oder wirken sie selbst befreit?

 ## Freiheits-Essenzen

Fremde Kulturen kennenzulernen ist einer der Gründe, warum ich reise; den Dunstkreis des eigenen Denkens zu verlassen und immer wieder daran erinnert zu werden, dass nicht alles normal und selbstverständlich ist, was ich dafür halte. Ich muss zugeben, dass ich dabei gelegentlich an Grenzen stoße, und der Iran hat mich in mehrfacher Hinsicht herausgefordert. Zum einen war ich mir nie ganz sicher, ob wir gerade unbeobachtet unterwegs sind oder ob nicht doch irgendwelche „Wächter" unseren Spuren folgen, die registrieren, mit wem wir Kontakt haben und was wir uns ansehen. Die zahlreichen Polizeikontrollen und auch so manch andere zufällig wirkende Begegnung haben uns daran zweifeln lassen, dass wir frei unterwegs sind. Meine Tipps, falls es dir ähnlich gehen sollte:

> Verlass dich auf dein Bauchgefühl! Wenn dir eine Begegnung, eine Situation oder ein Ort merkwürdig vorkommen, auch wenn du nicht den Finger drauflegen kannst, was genau gerade nicht stimmt, nimm Abstand. Versuche höflich, aber entschlossen aus der Sache herauszukommen. Die Intuition ist in der Regel

ein guter Kompass. Und selbst wenn du hinterher vielleicht denkst, dass du dir das alles eingebildet hast: Better safe than sorry!

Gerade bei Reisen in Länder, die dem eigenen Kulturkreis sehr fern sind, bietet es sich an, vorher Kontakt zu Menschen aus der Region aufzunehmen. Lass dir Sitten und Gepflogenheiten erklären, damit du dich darauf einstellen kannst. Wir haben uns in einschlägigen Facebookgruppen wie etwa „Overland to Iran" angemeldet und im Vorfeld mit vielen Menschen über unser Vorhaben gesprochen. So kamen wir an mehrere Quellen, die überaus hilfsbereit waren. Wir wurden zum Beispiel von Iranern vorgewarnt, dass es in ihrem Land einige Menschen gibt, die Hitler cool finden. Dadurch haben wir den Gruß mit ausgestreckter Hand regungslos zur Kenntnis nehmen können, was uns ohne Vorwarnung wahrscheinlich nicht gelungen wäre.

Vertrauenswürdige Kontakte innerhalb des Landes sind ebenfalls ein wunderbares Ruhekissen. Falls du tatsächlich einmal an deine Grenzen kommst, hast du so eine Nummer, die du wählen kannst. Ich habe auf meinen Reisen immer wieder Menschen getroffen, die mir ungefragt ihre Hilfe angeboten haben – dann geht eine Visitenkarte oder ein Zettel mit Mail-Adresse und Telefonnummer von einer Hand in die nächste. Es ist übrigens eine schöne Geste, wenn du eine eigene

Visitenkarte – möglichst mit Foto – zurück-
geben kannst. Über Anbieter im Internet
lassen sich heute günstig und mit wenigen
Klicks optisch ansprechende Exemplare erstellen. Viele Gesprächspartner sehen dies als
Geschenk und schöne Erinnerung an die Begegnung.

Ich gehe stets mit der Einstellung an eine
Reise heran, dass ich Gast bin. Ich bemühe
mich, die Gepflogenheiten des Landes zu res-
pektieren und mich in meinem Verhalten anzupassen. In Iran wurde dies für mich zu einer
echten Zerreißprobe, denn ich hatte immer
wieder Visionen von Rebellion. Zu mehr als
subversiven Gesprächen mit Iranerinnen hat
mein Mut allerdings nicht gereicht, und das ist
vielleicht auch gut so, denn ich bin zu der
Einsicht gelangt, dass die Taktik der Iranerinnen – sich mit einer Mischung aus Hartnäckig-
keit und subtiler Hinterlist Freiräume zu erarbeiten – sehr viel cleverer ist als die Revolte
ihrer Männer, die auf der Straße gegen ein
System protestieren, das öffentliche Kritik
nicht toleriert.

Abenteuer auf vier Pfoten

„Achtung, Kettenhunde!" Peters Stimme überschlägt sich fast.

Als ich mich vom Meerblick losgerissen habe, sehe ich zwei riesige Köpfe auf Bruno und mich zukommen. Ich kann gar nicht so schnell denken, wie sich die traumhafte Szene vor meinen Augen in einen Angriff verwandelt. Der Hund zur Linken wird abrupt abgebremst, denn die Kette, an der er angeleint ist, läuft entlang einer Schiene im Gras, die zu Ende ist, bevor er uns am Strand erreichen kann. Sein Kumpel jedoch stürzt sich direkt auf Bruno.

Wo ist denn mein Schutzengel, wenn ich ihn brauche?

Da ich keine Erfahrung mit abgerichteten Herdenschutzhunden habe, tue ich reflexartig das einzig Falsche: Ich gehe dazwischen und versuche die Tiere auseinanderzubringen. Dabei beißt mir der Herdenschützer in den Finger. Inzwischen ist Peter zu uns aufgeschlossen und schafft es mithilfe eines Stocks, Bruno zu befreien. Wir entfernen uns rasch aus der Gefahrenzone und begutachten die Schäden. Bruno ist unverletzt geblieben. Er trägt ein Stachelhalsband, das ihn vor Bissen in die Kehle schützt.

Dieses hat in Georgien an einem Baum gehangen und wir haben es kurzerhand mitgenommen, denn entlang unserer Route waren wir immer wieder in Gegenden unterwegs, in denen Tierherden einzig und allein von Hunden begleitet wurden. Die beiden Exemplare hier verteidigen aber keine Herde, sondern ein Anwesen.

Ich selbst trage einen sehr großen silbernen Ring, den mir meine Freundin aus Nordamerika geschenkt hat – er hat das Schlimmste verhindert. Trotzdem blute ich stark und der Finger wird bereits dick. Ich laufe ins Meer, um ihn zu kühlen. *Gut, dass ich gegen Tollwut geimpft bin,* denke ich. Jetzt fällt mir ein, dass Peter eigentlich gerade dabei war, mit meinem Smartphone Fotos zu machen. Er liebt sogenannte Lost Places, verlassene Bauten, die entweder nie fertiggestellt wurden oder die sich die Natur zurückerobert. Bei diesem Strandspaziergang auf der Peloponnes in Griechenland hatte er nicht damit gerechnet, auf ein solches Kleinod zu stoßen, daher hat er seine Kamera nicht mitgenommen.

„Wo ist mein Telefon?"

„Habe ich dir das nicht zurückgegeben?"

„In dem Tumult gerade? Sicher nicht."

„Dann fürchte ich, habe ich es verloren."

Schön. Mein Handy ruht jetzt also zwischen den immer noch wütend bellenden Hunden im Sand hinter der verlassenen Wohnanlage. Dorthin zurückzugehen kommt nicht infrage, zumal sich inzwischen auch noch andere – freilaufende – Kollegen dazugesellt haben. Also brauchen wir einen Plan. Doch zuvor sollte ich die Wunde versorgen, und so laufen wir erst einmal zurück zum Camp.

Der Zufall wollte es so, dass wir zur selben Zeit auf der Peloponnes ankommen wie unsere Reisebekanntschaften aus Georgien. Wir sind inzwischen auf dem Rückweg der Autowanderertour. In wenigen Wochen wird ein kleines Virus die ganze Welt auf den Kopf stellen und dafür sorgen, dass wir zum ersten Mal erleben, was es heißt, keine Reisefreiheit mehr zu haben. Doch gerade ahnen wir davon noch nichts und verbringen die Tage gut gelaunt in der wunderbaren Gesellschaft von Marie, Johannes, Roger und Denise. Wir befinden uns an einem langen, einsamen Sandstrand in Griechenland. Die beiden Paare reisen platztechnisch sparsam in ihren VW Caddys, nur dass Marie und Johannes inzwischen nicht mehr allein sind. Während eines Spaziergangs stießen sie auf einen wenige Wochen alten Welpen, und als sie näher kamen, mussten sie feststellen, dass er schon gestorben war. Noch bevor die Trauer eine Chance hatte, zuzuschlagen, kamen aus dem Gebüsch die drei Geschwister gestolpert; winzige Wesen mit großen, hungrigen Augen, zwei dunkler Fellfarbe der dritte rostrot. Marie und Johannes waren sofort Feuer und Flamme, denn sie hatten bereits in Georgien mit dem Gedanken gespielt, einen der verwahrlosten herrenlosen Hunde zu adoptieren. Indem ihnen die drei tapsigen Hundchen, von denen jeder gerade einmal eine Handfläche füllte, auf dem Fuße folgten, war ihnen die Entscheidung abgenommen worden. Einige Arztbesuche später sind sie glückliche Drillingseltern. Teile der Ausrüstung mussten für die Hunde weichen, damit ein Leben zu fünft im Caddy möglich wurde.

Peter, Bruno und ich erreichen unser gemeinsames Lager, ein Gelände, das alle zwei Jahre für ein Musikevent genutzt wird. Es verfügt über eine Feuerstelle von gigantischem Ausmaß. Die anderen sind schon mit den Vorbereitungen für das Essen beschäftigt.

Denise geht sofort ans Werk und legt mir einen Verband an, Johannes bietet sich an, uns bei der Suche nach dem Telefon zu helfen. Peter macht den Land Rover startklar. Über die Hauptstraße kommen wir an die Frontseite der Wohnanlage heran, wo mit großen Verbotsschildern an verschlossenen Eisentoren unmissverständlich klargemacht wird: Besucher sind hier unerwünscht!

Peter lenkt den Geländewagen über einen Feldweg zur Rückseite des Gebäudes. Kaum haben wir den Strand erreicht, geht das Gebell wieder los. Etwas ratlos schauen wir einander an, denn wo das Telefon runtergefallen ist, wissen wir nicht, und noch viel weniger wissen wir, ob wir es im Sand überhaupt wiederfinden können, ohne auf die Hunde zu treffen. Peter testet kurz, ob der Sand mit unserem Reifendruck befahrbar ist, und gibt dann im kleinen Gang Vollgas, überwindet mit Getöse das aufgeschüttete Treibholz und kommt auf dem Sandstrand zum Stehen. Johannes schaut aus dem Fenster und grinst. Wir parken genau neben meinem Telefon! Der eine Herdenschutzhund kann bei der Bergung nur missmutig zusehen, weil seine Kette nicht lang genug ist – der andere beißt frustriert in unsere Reifen. Peter hat Johannes, der auf dem Beifahrersitz auf seinen Einsatz wartet, mit dieser Position gut abgeschirmt. Mit einem Satz ist dieser aus dem Auto, schnapp sich das Telefon und springt sofort wieder auf seinen Platz. Er ist mein Held des Tages. Die Herdenschutzhunde hingegen tun mir leid. Auch wenn mich einer von ihnen gebissen hat, ist doch offensichtlich, dass sie von ihrem Herrchen – von dem weit und breit nichts zu sehen ist – darauf abgerichtet wurden, jeden anzugreifen, der sich dem Anwesen auf Kettenlänge nähert. Diese Tiere fristen ein schreckliches Dasein. Zusammenstöße mit ahnungslosen Touristen kann man nur ihrem Besitzer anlasten. Allerdings haben wir wenig Ambitionen, den Vorfall zu melden. Wir begnügen uns damit, dass nichts Schlimmeres passiert ist.

Am Abend sitzen wir um das Lagerfeuer, drei von uns haben einen Hund auf dem Schoß, und lassen die Ereignisse der letzten Monate Revue passieren. Bruno, der längst zu groß ist, um noch auf den Schoß zu passen, sitzt neben mir im Sand, fixiert die Büsche und lauscht in die Nacht. Ich bin sehr froh, dass er mit dem Schrecken davongekommen ist. Er scheint den Zwischenfall längst vergessen zu haben. Tiere leben immer im Hier und Jetzt – das können wir von ihnen lernen.

 ## Vierbeiner-Essenzen

Wir wurden unterwegs mehrfach gefragt, wie das denn so sei, Langzeitreisen mit Hund – sowohl von Menschen, die gern reisen und überlegen, ob ein Hund damit vereinbar ist, als auch von Menschen mit Hund, die überlegen, ob dieser sie auf einer Langzeitreise begleiten kann. Unsere klare Antwort auf diese Frage ist: Ja, es ist machbar, vorausgesetzt der Hund kann als Familienmitglied die Entscheidung mitbeeinflussen, wie und wohin gereist wird. Für uns bedeutet das beispielsweise, dass wir nicht fliegen. Der Hund braucht regelmäßig Auslauf, Pausen sind also erforderlich, was bei großen Distanzen eine Herausforderung sein kann. Bruno verträgt Hitze nicht gut, was aber weniger ein Problem ist, weil es mir genauso geht. Er hat einen empfindlichen Magen und braucht daher bestimmtes Futter. Sein Fell wächst und kräuselt sich, er muss also regelmäßig geschoren werden. Der Hund braucht Platz im Reisemobil und möchte auch mal mit anderen Hunden oder zumindest mit uns spielen können. Kurzum: Er hat eigene Bedürfnisse. Aber schließlich ist das zu Hause auch so. Die größte Umstellung auf Reisen ist, dass seine Routine gestört ist. Ein Hund sucht Kontinuität, weil sie ihm das Gefühl von Sicherheit und Verlässlichkeit gibt. Wenn es vor der Tür jeden Tag anders riecht sowie die Essens- und Schlafenszeiten dauernd wechseln, macht das einen Hund nervös — das hat uns auch Bruno deutlich gezeigt. Irgendwann wollte er nicht mehr ins Fahrzeug steigen und hat beim Fahren gejammert. Wir haben daraufhin einen Gang heruntergeschaltet und sind länger an einem Ort geblieben. Als zusätzliche Tipps für die Langzeitreise mit Hund helfen dir vielleicht diese Punkte weiter:

Wie das Herrchen braucht auch das Hündchen Ausweispapiere für Grenzübertritte. Der Hund bekommt seinen Pass vom Tierarzt. Darin ist neben seinem Namen die Nummer des Chips eingetragen, den er unter der Haut trägt. Außerdem sind im Ausweis alle Impfungen eingetragen.

Für Grenzübertritte kann ein Hund durchaus praktisch sein, wenn die Zöllner Angst vor Hunden haben. So sind wir um einige zeitraubende Untersuchungen in der Türkei und in Iran herumgekommen. Tür auf – Bruno streckt seinen Kopf heraus – der Zollbeamte stutzt und winkt ab – Tür zu – weiterfahren. Auf Rhodos hingegen war der Zollbeamte total versessen darauf, zu erfahren, ob sein Spürhund sich von unserem Hundefutter im Auto ablenken lassen wird. Er hat also eine Probe mit Rauschmittel in unserem Auto versteckt, und wir waren alle gespannt, was passiert. Der Hund hat es sofort gefunden. In seinem Überschwang hat der Beamte allerdings die Probe in unserem Wagen total vergessen. Ich musste sie ihm hinterhertragen. Wir wollten schließlich keinen Ärger.

Verpflichtend ist für Hunde auf Reisen nur die Impfung gegen Tollwut. Diese ist drei Jahre lang gültig. Allerdings heißt es immer wieder, dass bei der Wiedereinreise in die EU eine Tollwut-Titerbestimmung vorzulegen ist, die nicht älter als ein Jahr sein darf. Da wir nur ein

Jahr unterwegs sein wollten, hat unser Tierarzt diese Analyse kurz vor Reiseantritt vorgenommen. Ehrlicherweise hat uns nach der Wiedereinreise in die EU (bei uns war das Griechenland, von der türkischen Mittelmeerküste kommend) niemand danach gefragt. Eine amtstierärztliche Untersuchung kann man aber in jedem Reiseland machen lassen, und dabei kann auch der Titer der Tollwut-Antikörper bestimmt werden.

Bei einer längeren Reise sind Fragen der Gesundheit nicht nur für uns Zweibeiner zu klären, sondern auch für unseren vierbeinigen Freund. Neben der Menschen- und Autoapotheke braucht es also zusätzlich eine Hundeapotheke. Diese sollte zumindest eine Wurmkur, ein Breitspektrum-Antibiotikum und Tropfen gegen Bindehautentzündung enthalten. Uns hat der Arzt darüber hinaus ein Medikament mitgegeben, auf das der Hund erbricht, falls er Gift gefressen hat. Zudem hatten wir einiges an Wund- und Verbandsmaterial dabei. Gebraucht haben wir das alles nicht, denn Bruno hatte nur einmal Durchfall und ein anderes Mal eine bakterielle Augenentzündung – das war in Georgien. Hier war der Gang zum Tierarzt und in die Apotheke äußerst hilfreich. Für den Hund gilt also dasselbe wie für den Menschen: Vorbereitung ist gut, aber auch das Vertrauen, dass sich im Notfall auch in fernen Ländern fachkundiges Personal finden lässt.

Das Tragen eines Maulkorbs ist in vielen Ländern Pflicht, der sollte also mit ins Hundegepäck.

Darüber hinaus nehmen wir immer eine Weste in Signalfarbe (gelb oder orange) mit. So kann der Hund beispielsweise von Jägern im Wald gesehen werden und wird nicht mit Wild verwechselt.

Bruno hat am Reisen genauso
viel Freude wie wir

Die Goldene Parknadel

Die Goldene Parknadel ist ein sich beinahe täglich wiederholendes Reiseritual. Die Ausgangsfrage ist immer dieselbe: Wie muss das Expeditionsmobil stehen, damit der Kopf beim Schlafen höher liegt als die Füße, der Wagen insgesamt aber nahezu waagerecht steht und die Solarzelle auf dem Dach Sonne abbekommt, ohne dass störende Elemente Schatten darauf werfen? Mir fällt bei diesem Prozedere die Aufgabe zu, den Fahrer in eine Parkposition zu dirigieren, die all diese Voraussetzungen vereint. Abgesehen davon, dass ich mich bis heute mit keinem meiner Reisepartner auf Handzeichen einigen kann, die der auch versteht, scheitere ich meist an der Voraussage, wo am nächsten Morgen die Sonne aufgehen wird. So endet die Übung fast immer damit, dass der Fahrer kopfschüttelnd aussteigt, die Umgebung sondiert und für mich ein Kreuz dort in die Erde malt, wo das rechte Vorderrad zum Stehen kommen sollte. Das dauert, und deshalb ist die Solarzelle so wichtig, denn sie betreibt den Kühlschrank mit dem Bier.

Aber die Parknadel ist nicht die einzige Situation, in der sich Auseinandersetzungen entspinnen können. Viele – auch alltägliche – Situationen führen zu Meinungsverschiedenheiten oder erzeugen Stress. So ist das nun mal: Wer nicht allein reist, muss immer Kompromisse schließen. Manchmal ist die Konsensfindung schwierig.

Die einfache Antwort auf die Frage, ob man sich unterwegs so eng aufeinander auch manchmal auf den Geist geht, lautet daher: ja, natürlich! Ich habe daraus gelernt, dass offene und ehrliche Kommunikation mit dem Reisepartner essentiell ist. Ich benenne stets meine Bedürfnisse und frage auch Peter, was er braucht. Wenn einer von uns gern Zeit für sich hätte, legen wir einen Pausentag ein, an dem jeder seinen Vorlieben nachgehen kann. Wir wissen um die Stärken und Schwächen des anderen, und versuchen in Stresssituationen konsequent unsere jeweiligen Stärken zu nutzen.

Dinge, die wir zu Hause nebenbei erledigen, dauern unterwegs übrigens viel länger – das hatte ich vor meiner ersten Reise im eigenen Geländewagen total unterschätzt. Es beginnt schon damit, sich an jedem Ort neu zu orientieren. Campieren wir wild oder bezahlt? Welcher Stellplatz im Freien ist sicher? Wo fallen wir am wenigsten auf? Wo hat der Hund genug Auslauf? Wo bekommen wir frisches Obst und Gemüse? Wo können wir unsere Wäsche waschen?

Übernachten wir im Busch, dann ist die erste Aufgabe, Holz für das Lagerfeuer zu suchen, bevor es dunkel wird. Ein Feuer ist immer eine gute Sache, denn es wärmt, hält wilde Tiere fern und man kann darauf kochen oder grillen.

In Peters Land Rover gibt es den Luxus einer Nasszelle mit Dusche und Trockentrenntoilette. In Afrika war die freie Natur mein Badezimmer. Zum Geschäft ging es mit Schaufel – ein wichtiges Mehrzweck-Utensil –, und geduscht haben wir unter einem fünfundzwanzig Liter fassenden Wassersack der Schweizer Armee mit angeschraubtem Duschaufsatz. Die Wassermenge reicht gut für zwei Personen. Mit Flusswasser füllen, in die Sonne legen und dann im Baum aufhängen – fertig ist die Outdoordusche.

Buschdusche auf afrikanisch

Wenn das Feuer brennt und die Haut von Staub
und Schweiß befreit ist, geht der Tag in den gemüt-
lichen Teil über. Jetzt verarbeiten wir die Erlebnisse, tauschen Eindrücke sowie Erkenntnisse aus
und sind manchmal überrascht, wie der andere eine
Situation wahrgenommen hat. Dieser Perspektivwechsel kann sehr hilfreich sein. Das Schöne an einer
gemeinsamen Reise ist, besondere und berührende
Momente mit einem Menschen, den man gernhat,
zu teilen. Wir sprechen diese Freude immer wieder
aus – das Erlebte wird uns für immer miteinander
verbinden. Der Reisegefährte ist und bleibt ein be-
sonderer Freund.

Das Gefühl von absoluter
Freiheit (Kreta, Griechenland)

Alltags-Essenzen

Alltag ist ein Begriff, der in unserem Sprachgebrauch leider etwas negativ belegt ist, weil er für Gleichförmigkeit steht, für Arbeit und Stress. Doch Alltag – und das ist nach dreißig Jahren unterwegs meine Überzeugung – ist das, was wir daraus machen. Zumindest auf Reisen wird er bei allem, was zusätzlich organisiert werden muss, eines ganz sicher nicht: langweilig.

Wichtig ist nur, dass du dir vor der Abreise darüber klar wirst, bei welchen Alltagsroutinen du dir Erleichterung erhoffst und auf welchen Luxus du nicht verzichten möchtest. Hier ein paar Anregungen, über welche Themen du dir Gedanken machen kannst:

Das Wassersystem im Innenraum ist eine wichtige Frage der Gestaltung des Alltagslebens. Die einfachste Form sind Wasserkanister, an die man einen Küchenschlauch mit Brause anschließen kann. In Kombination mit dem oben erwähnten Wassersack ist die Grundausstattung für Küche und Bad dann auch schon erledigt. Das Wasser sollte mit einer Chemikalie (Standard ist Micropur) für längere Zeit haltbar gemacht werden. Die aufwändigere Variante wären Filtersysteme – aber diese Filter müssen regelmäßig gereinigt werden, und es braucht eine Pumpe, die das Wasser aus dem Tank fördert. Diese ist laut und leider auch störungsanfällig. Der eigentliche Luxus dieser Anordnung bestand für mich darin, dass man das Wasser in einen mit dem Heizsystem verbundenen Boiler umleiten kann. So konnte ich im Winter warm duschen.

Beim Thema Heizung gibt es im Prinzip zwei Systeme: die Wasser- und die Luftheizung. Erstere wird eher in Mobilen der Luxusklasse verbaut, weil sie sehr viel wiegt. Bei der Luftheizung verbauen viele ein russisches Modell, hier sind Preis und Technik am besten. Wer oberhalb von tausendfünfhundert Höhenmetern, sprich: in die Berge, reist, sollte das Höhenkit nicht vergessen.

Was das Thema Murmeltierschlaf angeht, habe ich viele Varianten ausprobiert. Zu Beginn der 4x4-Tage waren wir mit sich selbst aufblasenden Isomatten unterwegs, die wir auf einer Holzkonstruktion im Innenraum ausgerollt haben. Diese Konstruktion war so bemessen, dass wir nach kleineren Umbauhandgriffen gemütlich zu zweit in unseren Schlafsäcken unter einem Moskitonetz Platz hatten. Später haben wir uns ein Dachzelt gekauft, das sich innerhalb von 15 Minuten aufbauen ließ. Während der Fahrt ruhte das Bett unter einer staub- und wasserdichten Hülle auf dem Dachträger. Beim aktuell anstehenden Umbau dieses Fahrzeugs teste ich die Variante Hubdach. Hierbei wird das Dach zur

Übernachtung an einem Ende hochgeklappt, wobei sich an den Seiten ein Zeltstoff entfaltet. Der Vorteil dieser Variante ist, dass das Bett mit dem Innenraum des Autos verbunden ist. So hat man zumindest in einem Teil des Fahrzeugs Stehhöhe. Die Ambulanz, mit der Peter und ich unterwegs sind, hat einen festen Aufbau, der überall Stehhöhe bietet. Dort wird im Alkoven über der Fahrerkabine geschlafen – absoluter Luxus, aber mit dem Nachteil, dass der Geländewagen insgesamt eine ordentliche Höhe hat. Wir können daher nicht mehr jede Offroadstrecke fahren und müssen manchmal die Luft anhalten, ob der Freiraum zwischen Dach und Felsüberhang zum Passieren noch reicht.

Das Örtchen: Dieses heikle Thema habe ich mir für den Schluss aufgehoben, ist es doch eine Glaubensfrage, was hier zu bevorzugen ist. Ich persönlich mag keine chemische Toilette, weil ich mir nicht ständig Gedanken über die Entsorgung machen möchte. In Afrika bin ich – wie oben beschrieben – einfach in den Busch gegangen. Der Nachteil dieser Variante ist, dass du dann auch nachts oder wenn du krank bist raus musst. Daher empfehle ich eine Trockentrenntoilette, von der es auch kleinere Modelle zu kaufen gibt. Sie tut, was der Name sagt: das Flüssige vom Festen separieren. Ersteres kannst du dann leicht entsorgen. Gereinigt wird mit Essigessenz, statt mit Wasser, dann ist es auch geruchsneutral. Das

Feste kommt in einen Eimer mit Streu, und auch das ist geruchsneutral – ehrlich!

Noch ein abschließendes Wort zur Kommunikation, weil das immer wieder Thema ist: Manchmal muss der Frust einfach raus, aber überlegt euch, ob die aktuelle Situation der beste Zeitpunkt dafür ist. Entwickelt eine Streitkultur, die es dem anderen ermöglicht, sein Gesicht zu wahren, und vermeidet Verletzungen, die womöglich nicht mehr gekittet werden können. Eine Aussprache in ruhiger Atmosphäre und mit Offenheit für die Argumente des anderen vermeidet Eskalationen. Wenn es euch hilft, führt Regeln ein, wie ihr mit emotionalen Situationen umgeht. Distanz ist dabei oft hilfreich. Aus eigener Erfahrung kann ich aber auch sagen: Eine Versöhnung vor dem Schlafengehen ist immer ein gutes Ruhekissen.

Kochen mit Aussicht, so mag ich es.

Epilog – Reisen, um bei sich selbst anzukommen

Zu den schönsten Geschenken, die ich von meinen Reisen mitbringe, gehören Freundschaften. Nicht nur mit Einheimischen, die ich in allen Teilen der Welt kennenlernen darf, sondern auch mit anderen Reisenden. Was als Zufallsbegegnung beginnt, kann zu einer Freundschaft werden, die Jahrzehnte überdauert. Sie basiert auf der gemeinsamen Leidenschaft für den Aufbruch ins Ungewisse. Geteilte Erfahrungen, Helden- und Leidensgeschichten auf Reisen sind der Kitt, der diese Freundschaften zusammenhält. Es kann herausfordernd sein, dem besten Freund zu Hause zu erklären, was man erlebt hat und wie er sich anfühlt, dieser Reiz des täglich Neuen. Ich komme zurück und sprühe vor Begeisterung über das Erlebte – und dann habe ich oft das Gefühl, dass es die Menschen daheim, die mir so am Herzen liegen, kaum interessiert. Sie bewegen sich weiter im gewohnten Rahmen, der sich, wenn überhaupt, nur unmerklich verändert hat, während ich Schwierigkeiten habe, mich wieder in meine eigentlich gewohnte

Umgebung einzupassen. Jede Reise hat bisher etwas mit mir gemacht, und manchmal fühle ich mich dann zu Hause missverstanden. Freundschaften mit anderen Reisenden sind also ein guter Kompass: Nein, ich bin nicht merkwürdig geworden, sondern verändert aus einer Erfahrung hervorgegangen. Das ist gut so, denn ich breche zu einer Reise ja auch deshalb auf, weil ich etwas Neues in mir selbst zu entdecken hoffe.

Eine dieser bleibenden Freundschaften ist die zu Sascha und Daniela. Stefan und ich sind ihnen auf unserer ersten Transafrikareise direkt nach dem Unfall begegnet. Zwei junge Leute auf einem Motorrad, die gerade den Trip von Süddeutschland nach Kapstadt hinter sich hatten. Mann, waren die beiden entspannt und voller Lebenslust! Sie sprudelten über vor Geschichten und wir füllten unsere Notizbücher mit ihren Tipps. Daniela habe ich von den beiden damals besonders bewundert, denn sie musste mit einer halben Motorradpacktasche auskommen. Das hieß: eine Wechselgarnitur und ein Bikini – fertig! Seit Stefans und meiner Trennung leben Sascha und Daniela in unserem ehemaligen Haus. Auch so kann sich ein Kreis schließen.

Menschen fragen mich oft, wie ich es aushalte, so lange ohne die Annehmlichkeiten von zu Hause auszukommen und ohne Kontakt zu den Lieben daheim. Für mich ist jede Reise ein Ausstieg auf Zeit. Ich verlasse die gewohnte Zone auch, um mir die Frage zu stellen, was in meinem Leben bleiben darf und was ich gern verändern möchte. So habe

ich zum Beispiel nach längeren Auszeiten den Arbeitgeber gewechselt und mich schließlich selbst-
ständig gemacht, um Herrin über meine Zeit zu sein.

Abenteuer machen süchtig – so viel ist sicher. Für
jemanden, der monatelang in fremden Kulturen
unterwegs ist, täglich neue Eindrücke sammelt und
permanent auf bis dahin unbekannte Menschen und
Situationen trifft, kann die beschauliche Ruhe und
absehbare Existenz daheim erdrückend sein. Bin ich
wieder zu Hause angekommen, möchte ich am
liebsten gleich wieder aufbrechen. Weil ich mich aber
auf Freunde und meine Familie freue, legt sich dieser
Fluchtreflex schnell. Was bleibt, sind veränderte
Blickwinkel, Demut gegenüber diesem grandiosen
Planeten und eine tiefe Dankbarkeit, weil ich das
Privileg habe, dies alles mit eigenen Augen zu sehen.
Wenn ich zurückkomme, stelle ich außerdem
fest, in welchem Luxus ich leben darf. Alltägliches
wie Geschirr spülen und Wäsche waschen über-
nimmt eine Maschine für mich. Ich muss das Wasser
zum Duschen nicht aus dem Fluss holen und auf-
wärmen – es kommt aus einem Duschkopf und ich
kann nach Belieben die Temperatur regeln. Meine
Wohnung kommt mir nach so langer Zeit im Reisemobil wahnsinnig groß vor, und was habe ich da alles
an Zeug angehäuft! Nach einer Reise kann ich mich
immer prima von Dingen trennen. Reisen erinnert
mich regelmäßig an eine simple Wahrheit, die in unserer Gesellschaft gern ignoriert wird: Besitz macht
nicht glücklich. Es sind vielmehr die Stunden, die wir
mit anderen Menschen verbringen, Menschen, die
unser Leben reicher machen. Sie helfen uns, nicht

nur über den Tellerrand hinaus, sondern auch in uns selbst hineinzuschauen. Ein Abenteuer, für das man gar nicht so weit reisen muss.

Was mich zunehmend erschreckt, ist die Erkenntnis, wie wir uns in unserer Gesellschaft eingenistet haben, die uns eine Sicherheit vorgaukelt, die es nicht gibt. Wir schließen reihenweise Versicherungen ab und bemerken nur langsam, dass das Leben uns trotzdem vor Herausforderungen stellt. Im Zweifelsfall wird dann aber einfach ein anderer Schuldiger gesucht. Die Angst davor, diese vermeintliche Sicherheit zu verlassen, ist in vielen Fällen der Grund, warum sich Menschen gegen einen Aufbruch in die Ferne entschließen.

Das ist in meinen Augen eine sehr bedauerliche Fehleinschätzung! Ich hoffe, durch meine Erzählungen ist klar geworden, dass es sich umgekehrt verhält: In den allermeisten Fällen finden sich Menschen, die dir wohlgesonnen sind und dich aus Situationen herausholen, in die du dich selbst hineinmanövriert hast.

Afrikaner helfen uns dem Schlammloch zu entrinnen und das im feinsten Sonntagsanzug! (Kenia)

Die wenigsten von uns in der sogenannten Ersten Welt könnten sich autonom ernähren, wenn es darauf ankäme. Unsere Kinder kennen viele Tiere nur noch aus YouTube-Videos. Nimm uns den Strom weg und nichts geht mehr – selbst viele Freundschaften brechen dann zusammen, laufen sie doch hauptsächlich auf virtueller Basis ab. Einige haben für sich erkannt, dass sie so nicht leben wollen und steigen aus. Diese Menschen wollen zurück zum naturnahen Leben. Ich wurde vor Jahren vor die Wahl gestellt und habe mich anders entschieden, bin in der Bequemlichkeit geblieben. Ich kann nur hoffen, dass meine Begegnungen mit anderen Gesellschaften mich achtsamer machen für das, was nötig ist – im Sinne dieses Planeten und seiner Menschen.

Ja, es gibt so viele vermeintlich gute Gründe, nicht aufzubrechen: der Hauskredit, die schulpflichtigen Kinder, der Job oder die Karriereaussichten. Aber ich kenne auch Reisende, die unterwegs Kinder geboren haben, die, von einer Auszeit zurückkommend, bei ihrem alten Arbeitgeber in die Geschäftsführung eingestiegen sind oder die in der Ferne ein ganz neues Zuhause gefunden haben, weil das Leben mit ihnen etwas anderes vorhat. Was ich damit sagen will, ist: Wer wirklich, *wirklich* Fernweh in sich fühlt, der findet einen Weg und tausend gute Gründe, den Traum von der Reise – wie immer sie aussehen mag – umzusetzen. Dann wird dafür gesorgt werden, dass sich die Verhältnisse an diesen Wunsch anpassen, solange wir den Mut haben, den ersten Schritt zu tun.

Mein jüngstes persönliches Abenteuer begann in den Weinbergen der Südpfalz mit Peters Frage: „Willst du mich heiraten?" So haben zwei Menschen, zwei Land Rover und ein Hund zusammengefunden, um die weißen Flecken ihrer persönlichen Landkarte auch in Zukunft gemeinsam zu erobern. Und wenn wir das können, kannst du das auch!

Herzlichst
Heidi

Familie Metzmeier in der iranischen Wüste

Danksagung

Mein Autorendebüt hätte es ohne den Zuspruch von guten Freunden und Menschen aus der Reiseszene, die meine Reiseblogs geliebt und mich ermuntert haben, daraus eine Ratgebererzählung zu machen, nie gegeben.

Dieses Buch konnte nur aufgrund der abenteuerlichen Reisen, die ich mit Stefan Gumbrich zusammen unternommen habe, entstehen. Du warst mutig genug, mit mir das Unbekannte unter dem vereinten Himmel zu entdecken. Ich danke dir auch für die Zeit, die du in dieses Manuskript investiert hast, und für die Erlaubnis, all deine wunderbaren Fotos, die uns als Erinnerung bleiben, in diesem Buch zu verwenden.

Der Selfpublishing-Prozess war vollkommenes Neuland für mich. Dieses Buch wäre unmöglich gewesen ohne die kompetente Führung und Unterstützung durch Sandy Mercier (Coaching), Tanja Balg (Lektorat), Astrid Töpfner (Korrektorat), Laura Newman (Cover Design), Mary Kuniz (Buchsatz) und Catrin Madry (Bildbearbeitung).

Ich hatte darüber hinaus die besten Testleserinnen der Welt. Danke an Jennifer Summer, Jacqueline Fegers, Angela Löhr, Zuzana, Steffi und Kelly Harwardt. Eure Ratschläge haben aus meinem Manuskript ein Buch gemacht.

Lilli Mixich ist eine liebe Freundin, die meine Leidenschaft für das Abenteuerreisen teilt. Danke für die herrlichen Erinnerungen an Uganda und dafür, dass du dieses Buch mit deinem Wissen zum Thema *allein reisen* bereichert hast.

Meinem Mann Peter fließt all meine Liebe und Dankbarkeit zu, nicht nur, weil er mit mir wundervolle Reisen unternimmt, von denen eine besondere Eingang in dieses Buch gefunden hat. Danke für deine Ratschläge zum Manuskript, aber auch für die Geduld, die du mit mir hattest, als sich mein Universum nur noch um die Veröffentlichung drehte.

Ich möchte meinen Eltern Danke sagen dafür, dass sie mich zu einem Freigeist erzogen haben, der mit offenen Augen und weiten Armen durch die Welt zieht und sich noch heute an jedem Sonnenuntergang und jeder Frühlingsblüte erfreuen kann.

Nicht zuletzt danke ich allen Menschen, deren Herzen und Seelen mich auf Reisen berührt haben. Ich bin zutiefst davon überzeugt, dass mich diese Begegnungen mehr als alles andere geprägt haben. Dafür werde ich niemals dankbar genug sein können.

Ein Dogonjäger aus Mali, eine Frau von der Mosambikinsel und eine Masai aus Kenia

Liebe Leserin, lieber Leser,

„Ich freue mich so auf die Bilder zu deinen Geschichten!" Diesen Satz habe ich vor der Veröffentlichung dieses Buchs wohl am häufigsten zu
hören bekommen. Mir hat das jedes Mal einen
kleinen Stich versetzt, denn ich wusste, dass Bilder
in einem Taschenbuch (vor allem in Farbe) nicht
in großer Zahl unterzubringen sind, wenn das
Buch für dich bezahlbar bleiben soll.

Steig ein und komm mit zu weiteren Abenteuern

Aber ich war schon immer pragmatisch und deshalb mache ich dir heute einen Vorschlag: Wenn
du dich für meinen Newsletter – die „Lagerfeuer-
post" – anmeldest, dann bekommst du nicht nur
viele Bilder (und diesmal wirklich in Farbe!), sondern auch noch mehr Geschichten und weitere
Tipps zum Individualreisen. Wenn du also bereit

bist, noch tiefer in das Thema einzusteigen, dann muss unser gemeinsames Abenteuer hier nicht zu Ende sein. Folge einfach diesem Link zu meiner Internetseite:

https://heidimetzmeier.de

Vielen Dank, dass du dir die Zeit für dieses Buch und damit auch für deine eigenen Träume genommen hast!

Per E-Mail erreichst du mich unter:

heidi@heidimetzmeier.de

Folge mir gern auch auf Instagram:

https://www.instagram.com/heidimetzmeier/

Viele Grüße
Heidi

Über die Autorin

Autorin Heidi Metzmeier

Wäre es nach meinen Lehrern gegangen, würde es mich als Autorin gar nicht geben. Zu schräg waren meine Textinterpretationen, zu kreativ meine Orthografie. Doch das Geschichtenerzählen wurde mir in die Wiege gelegt, ebenso wie die Liebe zum Reisen. Neugier auf Menschen, unbekannte Kulturen, ferne Länder war schon immer mein Antrieb. Ich erkunde die Welt am liebsten nach meinen eigenen Plänen. Was ich dabei gelernt habe? Darauf zu vertrauen, dass es gut ausgehen wird. Ob Vogelspinnen im Bad, ein Malariaanfall mitten im Regenwald oder ein Unfall mit dem Geländewagen irgendwo im Nirgendwo Namibias – dank Schutzengel und helfender einheimischer Hände hat sich noch jede Situation zum Positiven gewendet.

Mein Autorendebüt ist eine Hymne auf die Entdeckung der Welt und eine Hommage an die Menschen, die ich auf Reisen kennenlernen durfte.

Wenn ich nicht gerade schreibe, engagiere ich mich als Kommunikationsberaterin für Unternehmen im Gesundheitswesen.

Ich lebe mit meinem Mann Peter und unserem Labradoodle Bruno wahlweise im Loft am Fuße des Nordschwarzwalds oder im Land Rover auf den Naturbühnen dieser Welt.